T0290751

el
PODER
de las
emociones

SOLEDAD MAURIZIO

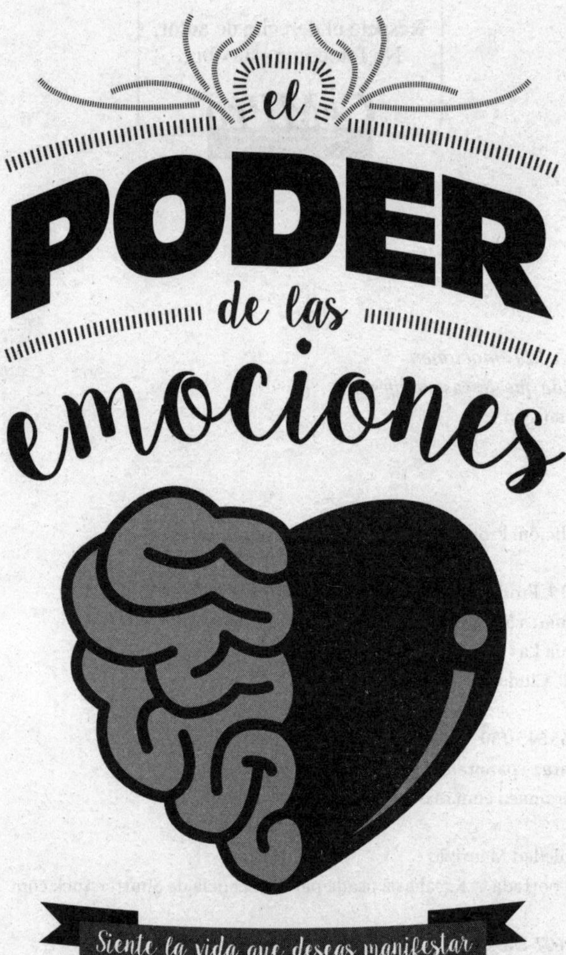

PANORAMA

superación

El poder de las emociones
Siente la vida que deseas manifestar
Soledad Maurizio

Primera edición: Producciones Sin Sentido Común, 2019

D. R. © 2019, Producciones Sin Sentido Común, S. A. de C. V.
Pleamares 54,
colonia Las Águilas,
01710, Ciudad de México

Teléfono: 55 54 70 30
e-mail: ventas@panoramaed.com.mx
www.panoramaed.com.mx

Texto © Soledad Maurizio
Fotografía portada © Kasahasa, usada para la licencia de Shutterstock.com

ISBN: 978-607-8469-04-8

Impreso en México

A mis hijos Pedro y Victoria,
quienes me impulsan
a superarme constantemente.

Índice

Algunos obstáculos que bloquean el desarrollo

Factores que propician el desarrollo personal

Introducción

¿Cómo hacer realidad los sueños? ¿Cómo hacer para dejar de ser espectadores pasivos de la propia vida y convertirnos en creativos protagonistas? ¿Cómo lograr lo que realmente queremos? ¿Cómo hacer para generar la vida que deseamos en lugar de vivir con lo que nos va sucediendo? ¿Cómo ser proactivos en lugar de reactivos? ¿Por qué siempre caemos en los mismos lugares comunes y nos involucramos una y otra vez en las mismas situaciones? ¿Por qué las acciones que emprendemos no siempre llevan a la manifestación de nuestros deseos? ¿Por qué no basta con pensar positivamente para concretar lo que deseamos?

Éstas son algunas preguntas que suelen surgir en el proceso del desarrollo personal a lo largo de la vida. A veces aparecen de manera consciente y otras emergen disfrazadas de alguna emoción: ira, enojo, frustración, depresión, impotencia, etcétera. Mucho se ha dicho y escrito ya sobre la ley de atracción y la importancia del pensamiento con la intención de hallar respuesta a estas preguntas; sin embargo, infinidad de personas, aun estudiando y conociendo los principios y conceptos de esta ley universal, no logran aplicarlos y volverlos una realidad en su vida.

Desde hace mucho tiempo he estudiado la ley de la atracción y los conceptos que giran en torno a la visualización creativa y a la creación de la propia realidad, y siempre me quedaba con la sensación de sentirme fascinada por lo leído, pero sin saber cómo aplicarlo en mi vida. Es impresionante cómo, habiendo tanta literatura y datos al respecto, la información que se proporciona en la mayoría de los casos está incompleta, lo cual no permite su aplicación en la vida diaria.

Casi todos los autores que escriben sobre estos temas enfatizan la importancia del pensamiento y la visualización, lo cual es cierto, pero a mi parecer es insuficiente. Hasta hace poco tiempo pude comprender realmente de qué se trata. En estas páginas quiero compartir lo que significa esto para mí y darte herramientas útiles para que puedas generar la vida que deseas.

Dejar de ver los conceptos que giran en torno a la ley de atracción como interesantes, pero que funcionan sólo para algunas personas iluminadas, es el primer paso. Dejar de relacionarse con estos términos desde un universo teórico, abstracto e interesante, pero ajeno a la propia vida, y comenzar a abrirles la puerta, incorporarlos y vivirlos en el día a día, es el segundo.

En lo personal, me di cuenta de que la única condición para hacer que la ley de atracción funcione a mi favor es trabajar continuamente en mi nivel de conciencia y en mi deseo constante de superarme; trabajar en *conciencia, emoción, pensamiento y acción.* Si tú que me lees tienes el deseo de superarte, de elevar tus manifestaciones y estás dispuesto a comprometerte cada vez más a fondo con tu nivel de conciencia y con tu crecimiento personal, este libro es para ti.

Disfrútalo y sácale el máximo provecho que puedas. Por medio de éste quiero darte herramientas que te permitan elevar el nivel de conciencia con el que estás creando tu vida, que puedas poner a funcionar la ley de atracción a tu favor y generar así la vida que deseas. Este libro está dirigido a todas aquellas personas que se encuentran en un camino de crecimiento y se sienten estancadas en algún punto de su desarrollo personal o simplemente tienen el deseo de seguir superándose. Está dirigido a ti, que buscas nuevas opciones y estás leyéndome.

No podemos aprender a vivir a través de los ojos y de las vivencias de otra persona ni tampoco a través de un libro; lo que tengamos que caminar, tendremos que caminarlo con nuestros propios pies. Cada quien tiene que andar su propio camino.

Sin embargo, la influencia que recibimos de determinada relación, de alguna experiencia o de un libro puede funcionar como agente promotor de nuestro crecimiento.

Con este libro espero poder aportar, desde mi propio proceso y mi experiencia profesional, algo valioso para ti. Nuestras manifestaciones son el reflejo fiel de nuestra emocionalidad, de la frecuencia energética en la que vibramos. No basta con el pensamiento y la visualización: hay que trabajar la emoción y aprender a generar la vibración de la manifestación que queremos atraer.

Estas páginas se enfocan en desarrollar este concepto y en explicar la manera como podemos aprovecharlo a nuestro favor, generando emociones que atraigan las manifestaciones que queremos en nuestra vida. Así podemos elevar nuestro nivel de conciencia y transformar nuestra realidad a la vez que aumentamos el nivel de nuestras manifestaciones.

Reconoce tu poder

El lenguaje de las emociones

Los seres humanos podemos ser muy distintos entre nosotros al igual que en cultura, educación y costumbres, pero en el fondo no lo somos tanto. Hay un lenguaje común para todos y es el de las emociones. Todos reímos y lloramos. Todos sentimos, todos nos emocionamos; así rechacemos o reprimamos nuestras emociones, o las expresemos de muy distintas maneras, todos sentimos y vibramos en diferentes frecuencias de energía, seamos conscientes de ello o no.

Es precisamente por medio de este lenguaje, que se manifiesta a través de frecuencias energéticas, que creamos nuestra realidad. Con nuestras emociones y nuestros pensamientos atraemos diferentes circunstancias a nuestra vida, y esto lo explicaré a detalle más adelante.

El universo responde a frecuencias energéticas y se comunica a través de ellas. Nuestras emociones y nuestros pensamientos son la materia prima por medio de la cual creamos nuestra realidad. La energía es el lenguaje del universo: todo es energía y toda manifestación de ésta emite determinada frecuencia vibratoria que atrae y es atraída por su equivalente.

Nuestras emociones son energía en diferentes niveles de densidad. Cada emoción tiene determinada frecuencia vibratoria y atrae las manifestaciones que se corresponden con ella.

Creamos nuestra realidad por medio de las decisiones que tomamos o las que no tomamos en nuestra vida y, sobre todo, a través de nuestro pensamiento y de las vibraciones que emitimos en forma de emoción. Creamos y atraemos las diferentes manifestaciones en nuestra realidad por medio de nuestros pensamientos y de nuestra emocionalidad.

Emociones y emocionalidad

Nuestra emocionalidad implica un particular estado de ánimo; aquél en el que nos encontramos la mayor parte del tiempo. Es esa frecuencia energética en la que vibramos y con la cual nos involucramos de manera general. La frecuencia energética a su vez se sostiene y retroalimenta de nuestros pensamientos, nuestra corporalidad, nuestro lenguaje y nuestras acciones.

La emocionalidad se refiere a ese estado de ánimo que, por lo general, no se remite a causas específicas ni tampoco se relaciona con ningún suceso en particular, pero que vive en el trasfondo desde el cual actuamos e interactuamos. Se refiere a ese estado emocional al que, pase lo que pase, siempre regresamos porque por alguna razón esa frecuencia nos resulta cómoda.

Un acontecimiento positivo para nosotros puede generar una emoción positiva y permitirnos elevar nuestra frecuencia energética de forma temporal. Si nos sucede algo que significamos como positivo, produce en nosotros determinada emoción que nos permite salirnos de nuestro estado de ánimo recurrente y generar nuevas acciones; pero si no hacemos este proceso de manera consciente, nuestra tendencia será regresar siempre a manifestar las emociones, los pensamientos, las actitudes y las acciones conocidos.

Nuestra emocionalidad nos define y también a nuestras manifestaciones; es el sustrato o la base desde la cual creamos nuestra realidad. Para poder modificarla debemos generar de manera consciente las emociones que queremos que la conformen. Las emociones son respuestas internas frente a estímulos externos y son generadas en nosotros por la interrelación con otras personas, situaciones o factores externos, aunque también pueden ser autoinducidas; en eso nos enfocaremos a continuación.

Desarrollar la habilidad de generar emociones que nos permitan elevar nuestra frecuencia emocional forma parte de ejercer nuestro poder creativo. Por medio de éste podemos alterar y elevar la frecuencia vibratoria de la emocionalidad, es decir, de nuestro estado de ánimo recurrente. Podemos rediseñarlo y, de esta manera, también alterar y elevar el nivel de nuestra conciencia y de nuestras manifestaciones.

Nuestra emocionalidad nos posee y nos lleva invariablemente a lugares conocidos. Reforzada de forma constante por nuestros pensamientos, nuestro lenguaje y nuestras acciones, hace que nos movamos en un limitado nivel de conciencia en donde nada diferente puede surgir. Nuestras manifestaciones siempre corresponderán con nuestro nivel de conciencia. Todo aquello que es ajeno a nuestro nivel de conciencia difícilmente podrá manifestarse o sostenerse en nuestro universo energético.

A diferencia de la emocionalidad, las emociones nos suceden y nos conducen a diferentes acciones, según su naturaleza; son como oleadas de energía nueva que llegan a generar un quiebre, una alteración en nuestra emocionalidad. Por lo general, son respuestas internas a estímulos externos, pero, como dije anteriormente, también pueden ser autoinducidas.

Si podemos generar de manera consciente las emociones que nos conduzcan a acciones y manifestaciones congruentes con nuestros deseos, podremos modificar gradualmente nuestra emocionalidad a favor de nuestros objetivos y quitar del camino los obstáculos que nos impiden manifestar lo que deseamos.

Identifica y rediseña tu emocionalidad

Si nuestras manifestaciones están directamente relacionadas y dependen en gran medida de nuestra emocionalidad, debemos identificar ésta última y, en caso de que no sea congruente con nuestros deseos, tendremos la posibilidad de rediseñarla. Pregúntate lo siguiente:

¿Cómo estoy juzgando al mundo?

____

____

____

¿Cómo estoy juzgando a la gente que me rodea?

____

____

____

¿Qué juicios tengo acerca de mí mismo?

____

____

____

¿Qué juicios tengo acerca de mi vida?

___

___

___

¿Qué juicios tengo sobre mi futuro?

___

___

___

Una vez que detectamos cuál es la frecuencia vibratoria de nuestros estados de ánimo más frecuentes, podemos elegir rediseñar nuestra emocionalidad trabajando de manera consciente en efectuar cambios a nivel físico, emocional y lingüístico. Nuestras emociones y pensamientos, la manera como hablamos, nuestra postura y expresión físicas ante el mundo nutren y reafirman constantemente nuestra emocionalidad. Si ésta sabotea nuestros deseos o los promueve es en todos estos aspectos y niveles que se sostiene y se refuerza.

Por muchas acciones que llevemos a cabo para concretar nuestros deseos, si no se acompañan de una emocionalidad congruente y positiva, cualquier intento se verá autosaboteado. Las acciones dirigidas a concretar nuestros deseos deben estar en congruencia con nuestros pensamientos y nuestra emocionalidad. Una vez que hayas detectado los estados de ánimo que te gobiernan la mayor parte del tiempo, continúa con la autoexploración y reflexiona sobre lo siguiente:

¿En qué me baso para sostener mis juicios?

___

___

¿Qué sucedería si me permitiera una apreciación diferente de mi realidad?

¿Qué alternativas de acción aparecen disponibles ante mis juicios?

¿Qué alternativas se me cierran?

¿Mis juicios son posibilitadores o limitantes?

¿Cómo limitan mis juicios mi emocionalidad?

¿Mi emocionalidad es congruente con mis deseos: los apoya y refuerza, o los repele y aleja de mi vida?

¿Qué acciones tengo disponibles para modificar mi emocionalidad?

___

___

___

¿Qué puedo modificar a nivel físico y lingüístico; es decir, desde mi manera de hablar (volumen, fuerza, tono, proyección, asertividad) y mi manera de expresarme corporalmente (postura, proyección, presencia) para rediseñar mi emocionalidad?

___

___

___

¿Qué emociones me acercan a la concreción de mis deseos y cómo puedo generarlas de forma consciente?

___

___

___

¿Qué actividades o experiencias me proporcionan los estados de ánimo que concuerdan con mis deseos?

___

___

___

¿Cómo creas las diferentes manifestaciones en tu vida?

¿Cómo creamos en nuestra vida esas manifestaciones que sentimos que son circunstanciales y muchas veces no deseadas; que sentimos que no tienen que ver con nuestras elecciones o no son lo que queremos para nosotros?

Nosotros creamos estas manifestaciones, aunque quizá pensemos: "¿Cómo voy a crear esta situación en mi vida si es lo que menos quería que sucediera?"

A veces se nos manifiestan situaciones muy dolorosas, pero hasta la más dolorosa tiene una razón de ser. Por lo general, las situaciones difíciles, si las sabemos tomar como maestras, nos llevan a un mejor lugar para nosotros y siempre tienen un regalo escondido. Por difícil que esto parezca de asimilar, es cierto si te permites sentirlo.

Toda circunstancia dolorosa tiene un porqué y no tenemos que entenderlo porque no podemos, no está al alcance de nuestro entendimiento. A mi parecer es mucho más benéfico aceptar estas situaciones con la confianza y la fe de que existe una mente universal, un poder superior que todo lo crea y que, si lo escuchamos, nos conducirá hacia nuestro bien más elevado, aunque no siempre sea el más placentero para nosotros.

Tú eres parte de esta mente o conciencia universal y, por ello, la abundancia y la prosperidad son tu derecho divino. Tú eres una expresión de la conciencia creadora del universo. Eres un ser con potencial creativo ilimitado en un universo ilimitado. Tus posibilidades son múltiples y tus limitaciones sólo estarán en tu mundo mientras estén en tu mente. No importa cuántas realidades de carencia hayas manifestado hasta ahora en tu vida: siempre puedes comenzar a generar emociones y pensamientos nuevos y positivos que manifiesten nuevas realidades en tu vida.

Permite y recibe la abundancia y la prosperidad que por derecho divino te pertenecen. Piensa y siente que éstas son tu derecho divino, ponte como objetivo ver sus diferentes manifestaciones en tu vida y agradecerlas. Esto atraerá a tu vida más abundancia y más prosperidad por la ley de atracción.

Practica la gratitud. Te sorprenderás por todo lo que tienes que agradecer. La gratitud es una de las emociones de frecuencia vibratoria más alta y, mientras más alta sea, mayores serán tus manifestaciones positivas.

El acto creativo

Ejercer tu poder creativo no significa que todo va a suceder siempre como tú lo quieres o como crees que debe ocurrir. Implica responder a las situaciones de la vida con responsabilidad, intentando ver todo lo que se presenta en tu mundo como una oportunidad de crecimiento. Implica asumir la responsabilidad de saber que tus manifestaciones son el reflejo de tu mente y actuar en consecuencia y con congruencia.

El acto creativo no responde a lo que tú piensas que deseas con tu mente consciente, sino al mensaje que le das al universo con tu mente subconsciente. Por medio de nuestro pensamiento y, sobre todo, de la carga energética llamada *emoción*, que le ponemos a nuestros pensamientos, damos información al universo y creamos nuestra realidad.

Según cómo elijas significar tus vivencias
le darás información a tu subconsciente y al universo
para que te devuelvan más de esa emoción
que estás generando.

En la visualización creativa pensamos en aquello que deseamos crear, luego lo decretamos como si ya fuera una realidad; debemos imaginarnos cómo nos sentiríamos con ese deseo ya cumplido y expandir esa emoción. Hay que identificar la energía de lo que queramos y poder generarla con nuestras emociones. Debemos ser como una caja de resonancia para atraer lo que deseamos.

Es importante alinear la emoción con el pensamiento, porque de nada sirve si piensas una cosa pero tu sentir es contradictorio; pone resistencia a tu deseo o sientes que no lo mereces o que no es real para ti. Visualízate con tu deseo cumplido y permítete recibir las emociones positivas de verlo y sentirlo; ponle imágenes y sentimientos a tu pensamiento. Confía en que tus deseos se manifestarán, porque tú y nadie más que tú eres el creador de tu universo y puedes crear con tu pensamiento guiado y sostenido por tus emociones y tu frecuencia vibratoria.

Si tus pensamientos son positivos y corresponden de manera congruente con tu frecuencia vibratoria emocional y con tus acciones, entonces tus manifestaciones también serán positivas. La mayoría de las veces creemos *desear* algo, pero nuestras emociones en torno a ese pensamiento lo contradicen y entonces lo que se manifiesta corresponde a la frecuencia vibratoria de nuestro sentimiento. Y tú piensas: "¿Pero por qué no logro lo que quiero si visualizo, pienso y pido mi deseo con todo el corazón?"

Es probable que no lo sientas en tu vida y entonces la visualización no es completa, porque de forma subconsciente no lo recibes y algo que no es recibido no puede manifestarse. Si no te crees merecedor de tu deseo o no crees que sea posible para ti, no lo será. La mente consciente *desea* una cosa, pero la mente subconsciente no permite que eso suceda si tiene otro mensaje en su archivo. Esto se debe a que la mente subconsciente es la que emitirá las frecuencias vibratorias; son sus vibraciones y sus creencias las que se manifestarán en tu vida. Así que si quieres lograr cambios significativos en tu vida, debes trabajar con tu mente subconsciente y reprogramarla.

Reprograma tu subconsciente

La mente acepta como verdad todo aquello que se le presenta como algo innegable, lo que sucede asociado a una emoción fuerte y a lo que se repite con frecuencia o en momentos especiales. Todo el universo es una creación mental y cada persona tiene el poder de modificar sus pensamientos y creencias. No es una tarea fácil ni de resultados inmediatos: se requiere mucha constancia y conciencia en el proceso, pero sí se logra. Quien es capaz de creer que lo que desea es posible y una verdad innegable, lo obtendrá.

La mente subconsciente tiene que ser reprogramada con afirmaciones, decretos, creencias y emociones positivas alineadas con nuestros deseos. Trabaja en tus afirmaciones e imprímeles la emoción que les corresponda. Los mejores momentos para ingresar nueva información al subconsciente son los matutinos, justo cuando despiertas, antes de sentirte totalmente alerta y, en la noche, antes de dormirte. Son momentos cuando la mente se encuentra en un alto grado de receptividad.

Asegúrate de que lo que deseas se vuelva una verdad innegable para ti. Acércate a tu deseo un poco más cada día en pensamiento, emoción y acción. Recuerda que para que la nueva información se imprima en el subconsciente debe presentarse como una verdad innegable, ser repetida constantemente o en momentos especiales y estar asociada a una emoción fuerte. No basta con hacer una lista de afirmaciones o decretos y repetirlos como un perico, pues si no los sientes reales ni verdaderos para ti, entonces de nada servirá.

Las afirmaciones deben estar respaldadas por una fuerte emoción y convicción de que lo que dices *es* y se manifestará para ti; deben estar respaldadas también por un plan de acción por medio del cual lograrás que tus afirmaciones o decretos se manifiesten para ti. Debes involucrarte en el proceso y asumir tu poder creativo y responsabilizarte de él. Revisa tus creencias negativas en torno al aspecto de tu vida que quieras modificar, pues éstas obstaculizan la manifestación de tus deseos.

Si no modificas tus creencias o pensamientos negativos, no podrás crear nada nuevo. Tu mente subconsciente emite determinadas frecuencias vibratorias que el universo te devuelve. Si el contenido de tu subconsciente es negativo, de baja frecuencia vibratoria, entonces que no te sorprenda que tus manifestaciones también lo sean. El universo simplemente responde a lo que tú estás emitiendo. Todo es energía en diferentes planos de materialización.

Emoción + Pensamiento + Acción = Manifestación

Somos manifestaciones de energía

Todos tenemos lo que atraemos, lo que vibramos. Nada puede manifestarse en nuestra vida que no esté ya vibrando en otro plano de existencia.

Todo, hasta nosotros, somos energía y, para que algo se manifieste en el plano físico tiene que haber sido creado antes por nuestra conciencia. Nuestra emocionalidad se corresponde con determinado nivel de conciencia; al elevarlo, éste también cambia nuestra emocionalidad y manifestaciones.

Antes de que algo se manifieste,
y para que lo haga,
debes pensarlo y sentirlo
en tu vida.

¿Cómo puedo sentir algo que aún no se ha manifestado en mi vida? Sintonízate con la vibración de ese deseo y visualízalo en tu vida; conéctate con el sentimiento propio de la manifestación que deseas ver concretada y expándelo en ti. Llámalo, recíbelo, permítete sentirlo y lo atraerás.

Personalmente, me he dado cuenta de que si despierto en la mañana alineada con mis vibraciones más elevadas y decreto: "Hoy deseo tener un día lleno de amor, felicidad, armonía y prosperidad; deseo soluciones a mis problemas, creatividad; deseo poder facilitar claridad y conciencia; deseo mensajes claros y certeros para trasmitir a mis lectores (o lo que sea que tú desees)...", si lo decreto conectada con las vibraciones propias de lo que estoy pidiendo y las siento en mi vida, increíblemente siempre se me cumple y mi día transcurre acorde con las vibraciones que me sintonicé.

Si, por el contrario, pido con mucha fuerza, pero mis vibraciones no están en sintonía con lo que pido, entonces mis peticiones no se manifestarán y ocurrirá lo que corresponda con las vibraciones con las que estoy sintonizada.

Tu trabajo es alinearte con tus vibraciones más elevadas. Céntrate en lo mejor de ti y expande esa frecuencia. Trabaja en elevar tu nivel de conciencia; otorga más conciencia a cada situación, aspecto o relación de tu vida que quieras mejorar.

Pregúntate:

¿Qué sí puedo hacer y no estoy haciendo?

____

____

____

¿Cuál es mi responsabilidad en esta situación?

____

____

____

¿Cuál es la ganancia secundaria de seguir generando esta realidad?

____

____

Si le imprimiera un poco más de conciencia a esta situación, ¿qué sucedería?

___

___

___

Reconoce tus obstáculos

Los pensamientos negativos nos obstaculizan el camino por dondequiera que lo veamos, bloquean nuestra creatividad, impiden que contemplemos todas las posibilidades que tenemos para prosperar y percibir la dimensión de nuestro poder creativo. Tiempo después de empezar a enfocar nuestra energía en pensamientos positivos, nuestra creatividad empieza a despertar y comienzan a surgir nuevas ideas y opciones para generar prosperidad en todos los aspectos.

Hace tiempo, cuando escuchaba o leía a los expertos en estos temas, me quedaba con mucho entusiasmo pero sin las herramientas para aplicar todas estas verdades maravillosas en mi vida. Tenía esa sensación de: "Bueno, sí, pero ¿cómo lo hago?" Parecía que sólo algunos cuantos tenían acceso a las bondades del universo y a toda esta sabiduría ancestral. Sentía como si me compartieran el conocimiento pero a medias y, en efecto, así sucedía muchas veces.

En muchas ocasiones me decepcioné y sentí que no tenía la información que necesitaba. Tenía la certeza de que había una verdad muy poderosa que me esperaba pero que, por alguna razón, no estaba a mi alcance, y no lo estaba porque yo no había dado los pasos necesarios para alcanzarla. No era mi momento todavía.

La riqueza y la abundancia del universo están ahí para nosotros; simplemente tenemos que quitar del camino los obstáculos que nosotros mismos ponemos y nos impiden tomarlas.

Detecta cuáles son tus obstáculos y ten en cuenta que, por más que lo parezcan, los que en realidad lo son nunca son externos. Identifica cuáles de éstos tú mismo te los pones en pensamiento, emoción, actitud, creencias negativas, etcétera. Detéctalos y trabaja contigo mismo para quitarlos del camino.

Ejemplos de algunos obstáculos

"Nunca alcanzo mis objetivos."

Emoción: tristeza, apatía, enojo, resentimiento.
Actitud: desencanto ante la vida, retraimiento, papel de víctima.
Creencias negativas: "No soy suficiente; no merezco; no puedo; el dinero no es para mí", etcétera.

"No soy lo bastante bueno."

Emoción: vergüenza, frustración, miedo, tristeza.
Actitud: derrotismo, retraimiento.
Creencias negativas: "No merezco; no puedo".

"Riqueza, abundancia, salud, amor, dinero, prosperidad": repite estas palabras en tu mente y date cuenta cómo te sientes y qué piensas al decirlas. Si piensas, por ejemplo, que la riqueza, el dinero, la abundancia y la prosperidad no son para ti, no lo serán. Que no te extrañe no recibir manifestaciones físicas de algo que tú mismo no permites que suceda, de algo que tú no admites en tu vida, ya sea por sentimientos encontrados, por creencias negativas que tengas al respecto o quizá porque no crees merecerlo.

Si tienes este patrón debes modificarlo, porque no importa el trabajo o la pareja que tengas; no importa que te ganes la lotería, porque seguirás alejando a la abundancia y la prosperidad de ti. Reflexiona tus creencias, escríbelas y evalúa con sinceridad cómo trabajan para ti. Si te hacen sentir bien y te traen felicidad, ¡qué bueno! Pero si no, revisa de dónde vienen, para qué las retienes y qué función cumplen. Quizá te sirvieron alguna vez, pero ahora ya están obstaculizando tu camino.

¿Deseas realmente lo que *deseas*? ¿Le abres el paso en tu vida o se lo niegas?

Abre la puerta a la manifestación de tus deseos

¿Cómo abres la puerta a la manifestación de tus deseos? Empieza por agradecer lo que ya tienes; hazlo a conciencia y escríbelo, porque muchas veces ni nos damos cuenta de lo que tenemos. Percibe, valora y agradece todo, hasta lo que ya has creado para ti, y esto te traerá más. Cuando te valoras y te validas como creador de las cosas positivas que ya tienes, le das un mensaje a tu subconsciente que te permite ver y atraer nuevas oportunidades para la manifestación de tus deseos en tu vida. Tu poder creativo se potencia.

Mientras veas y agradezcas las manifestaciones de abundancia y de prosperidad en tu vida, te abrirás a recibir cada vez más y más de esa energía en la que te enfocas (ya sea dinero, salud, amor, felicidad, alegría, etcétera). No sucederá de la noche a la mañana, pero sucederá.

Si te enfocas en la carencia, en que no tienes lo que quieres, en que no eres feliz, en que no te satisface tu trabajo, en que no tienes pareja, en que no eres pleno en tu matrimonio, en que no tienes el dinero que quieres, seguirás creando y atrayendo más de lo mismo.

Tus vibraciones dominantes
se manifestarán siempre.

Enfócate, agradece lo que sí tienes y a partir de ahí empieza a crear tu nueva realidad.

Concéntrate en aspectos positivos de la gente a tu alrededor, todos los días haz por lo menos una cosa que te haga feliz (no necesitas gastar dinero para hacerlo), practica la gratitud, analiza tus creencias negativas y remplázalas poco a poco por nuevas creencias positivas. Cuando la mente no se cultiva con conceptos positivos, cuando no se desarrolla la conciencia, los malos pensamientos afloran y ganan terreno como la maleza en un terreno descuidado. Despeja tu tierra para sembrar en ella lo que realmente quieres.

Tu realidad es un reflejo fiel de tu mente. Sustituir con imágenes y pensamientos los mensajes que le has dado a tu subconsciente hasta ahora será de gran ayuda. Ya que éste funciona con base en imágenes y emociones. Proporciónale elementos para que tus pensamientos y creencias positivos estén activos la mayor parte del tiempo. Llénate de imágenes y conceptos que te hagan sentir bien, que fomenten las emociones que quieres experimentar en tu vida.

Debes proporcionar a tu subconsciente la base para que pueda crear las realidades que quieres en tu vida, y esto se logra con imágenes y emociones en torno a pensamientos y deseos definidos.

También procura no dejarte influir por las circunstancias negativas de tu alrededor, por lo menos durante un mes, que es el tiempo que necesitarás para que todas estas ideas y creencias nuevas que generes empiecen a afianzarse en tu subconsciente y ganen fuerza. Toda la información negativa que recibimos de nuestro ambiente es energía que nos afecta e influye en nuestro pensamiento y, por tanto, en nuestra realidad. No digo que debamos ignorarla, sino simplemente que no permitamos que domine nuestra vida.

Date un mes para enfocarte sólo en cosas positivas y verás lo que sucede. No es magia, sino que nuestro subconsciente funciona con base en imágenes, emociones y frecuencias vibratorias, por hábitos y por repetición, y a partir de eso crea, atrae y manifiesta. Tus manifestaciones siempre tendrán correspondencia con tu frecuencia vibratoria dominante. Recuerda esto y tenlo muy presente.

Piensa y siente con conciencia
lo que quieres; visualízalo,
siéntelo en tu vida y eso atraerás.

Es importante también que, si te sientes muy mal respecto de una situación o un aspecto de tu vida, no pretendas llegar al polo opuesto de la noche a la mañana. Es fundamental que seas realista y que desde tu realidad presente veas todo lo positivo que sí tienes, y desde ahí empieces a expandir el sentimiento de la manifestación o experiencia que quieres atraer. Parte de lo que ya has creado para ti, por poco que te parezca, para que puedas validar tu proceso y tu poder creativos y le des esta información a tu subconsciente.

Si te centras en un punto idílico que no puedes siquiera ver ni sentir, lo más probable es que te decepciones y desistas en el camino. Si deseas atraer a tu vida una o varias experiencias de abundancia y prosperidad, pero no te ves ni te sientes un ser próspero, simplemente no las atraerás. En cambio recibirás las experiencias que sintonicen con tu frecuencia vibratoria.

Parece un callejón sin salida, pero no lo es. Tu deseo puede estar muy lejos de manifestarse en tu vida, pero si eres capaz de alinearte con su frecuencia vibratoria, tarde o temprano se realizará. Cuando comenzamos a visualizar un deseo, apenas tiene vida, parece vago, ambiguo, difuso y nos cuesta trabajo verlo como una realidad. En ese momento es cuando más fe y energía hay que inyectarle, cuando más hay que cuidarlo.

Luego, poco a poco adquirirá más fuerza hasta que cobre vida por sí solo: ya podemos verlo y sentirlo, aunque todavía no se haya manifestado. Está a un paso de manifestarse y lo hace finalmente si, cuando surge la oportunidad, sabemos verlo y recibirlo en nuestra vida.

Vive tu riqueza y genera prosperidad

Eres rico en muchos aspectos; quizá te faltan muchas cosas que quieres, pero seguro ya tienes otras que ni siquiera valoras. ¿Cómo vas a atraer manifestaciones positivas a tu vida si no ves ni valoras las que ya existen? Cuando una persona está sumergida en la depresión bloquea por completo su creatividad y cualquier oportunidad de ver algo positivo. Si todo lo ves y piensas en negro, negro se manifestará.

> Lo que piensas, sientes y manifiestas
> siempre está en correspondencia.

Cuando logras captar y entrar en sintonía con la frecuencia de abundancia del universo, todo cambia. Si te asumes como hijo de esa mente generadora, de esa energía creadora, te das cuenta de que ya nunca más experimentarás carencias y de que no tienes por qué hacerlo, a menos que sea tu elección. Somos creadores de nuestro propio universo: tenemos esa habilidad y esa responsabilidad.

Tienes el poder de crear tu propio universo y lo haces todo el tiempo, lo sepas o no. ¿Por qué no empiezas a usar este gran regalo a tu favor? Cuando reconozcas tu riqueza y comiences a expresarla en todo lo que haces, las manifestaciones de prosperidad no tardarán en llegar. Vive la riqueza de tu ser, comparte eso que te hace único y la prosperidad será una consecuencia natural de tu estado de conciencia.

Siente tu abundancia y eso manifestarás. Y tú dirás: "Pero ¿cómo voy a sentir la abundancia si eso es justamente lo que me falta?" Puedo decirte que te seguirá faltando mientras sigas concentrado en la carencia: será lo único que vibrarás y manifestarás. Si te enfocas en la frase "no quiero más de esto", eso es lo que atraerás. El universo y tu subconsciente se manejan por inclusión.

No existe la palabra *no* en el universo ni tampoco en el subconsciente; por eso, si tú piensas: "No quiero más deudas", más te enfocas en éstas en vez de en la prosperidad que sí quieres. Si piensas "no quiero más deudas", el universo responderá "más deudas".

Debes enfocarte en generar acciones creativas que te ofrezcan una realidad diferente a la que has experimentado. Si quieres una realidad diferente, debes actuar diferente. Si "no quieres más deudas", debes enfocarte en "generar más recursos". El pensamiento debe ser una afirmación positiva y proactiva que involucre tu compromiso, tu responsabilidad y tu capacidad para transformar tu realidad.

Cuando tu pensamiento dice "no quiero más deudas", te instalas en el lugar de la víctima, como si alguien más fuera el responsable de tu realidad, y limitas así tu poder de acción. Sentir tu abundancia y enfocarte en ella no se trata de andar por la vida gastando lo que no tienes o fingiendo una realidad inexistente. Se trata de concentrarte en lo que sí tienes, en lo que ya has manifestado y, a partir de este punto y de reconocer tu capacidad creativa, concentrarte en atraer más manifestaciones de abundancia.

Ejercicio de validación personal

Empieza por enfocarte en lo que sí tienes, por poco que te parezca. Haz una lista y agradece las cosas que descubras que tienes, que ya has creado para ti (por ejemplo, un techo donde vivir, una cama calentita, comida en tu mesa, una relación de pareja, una mascota, etcétera). Puede ser desde cosas materiales hasta logros personales; cuenta cualquier cosa con la que puedas reconocerte como creador de tu realidad. Todos los días haz una lista de 10 cosas que tengas y agradece, valora y atrae la abundancia a tu vida. Practica esta rutina por lo menos durante 30 días, hasta que se convierta en un hábito de tu subconsciente.

Preguntas para focalizar la energía en lo que deseas manifestar

¿Qué deseo atraer o manifestar en mi vida?

____

____

____

¿Para qué?

____

____

____

¿Cómo voy a sentirme cuando esto suceda?

____

____

¿Cómo me comportaría si mi deseo fuera ya una realidad?

___

___

___

¿Con qué emociones puedo identificar la vibración de mi deseo?

___

___

___

¿Qué experiencias puedo generar en el presente que me acerquen a la vibración de mi deseo?

___

___

___

¿Cuáles acciones puedo llevar a cabo para acercarme un poco más cada día a la manifestación de mi deseo?

___

___

___

Crea con conciencia

Revisa tus creencias negativas en torno al aspecto de tu vida que quieres modificar y remplázalas poco a poco por nuevas creencias positivas. No puedes eliminar hábitos, ideas o pensamientos de tu subconsciente sin antes remplazarlos por unos nuevos. Por ejemplo, no puedes decretar "ya no voy a enojarme tanto" y pretender dejar de hacerlo si sigues enfocado en el enojo. Aunque lo que intentas sea *no* enojarte, tu energía aún se concentra en el enojo.

Si deseas dejar de manifestar experiencias de enojo, en su lugar prueba cultivar los sentimientos opuestos a éste; por ejemplo, serenidad, paz, aceptación, templanza o los que sean adecuados para ti.

Si pretendes manifestar prosperidad, jamás lo lograrás si sigues enfocándote en la carencia. En el universo todo *es*, funciona por inclusión y para que existan nuestras manifestaciones físicas, antes tienen que ser creadas por nosotros en nuestros pensamientos y emociones; por eso se llaman manifestaciones.

Si tu frecuencia vibratoria es de abundancia y de prosperidad, entonces atraerás más de lo mismo porque envías ese mensaje a tu subconsciente y al universo. Es saber ver y recibir la abundancia y prosperidad del universo en cada experiencia de la vida y, cuando una dificultad se presenta, poder verla como una oportunidad para crecer y superarte. Las vibraciones que emitas al universo se convertirán en tus experiencias y en tu realidad manifiestas.

Estás en este mundo con todas las herramientas necesarias (sean cuales sean tus limitaciones) para crear tu realidad y lo haces todo el tiempo, pero si no lo sabes o crees que no es así simplemente obstaculizarás tu camino. Nuestra realidad es creada por nuestro subconsciente que atrae diferentes situaciones u oportunidades a nuestra vida. No son las circunstancias las que crean nuestra realidad, somos nosotros quienes las creamos y atraemos a nuestra realidad.

Deja de lado el arquetipo de la víctima y conviértete en un creador consciente de tu realidad, en el protagonista de tu propia vida. El universo es un campo de posibilidades negativas y positivas. Tú eliges a cuál de ellas prestarle atención y entonces ellas se harán realidad para ti.

Una vez más, revisa tus creencias negativas. Para poder transformarlas, primero tienes que detectar cuáles son. Si cuando piensas en éstas no se te ocurre ninguna, intenta detectar ¿qué piensas cuándo suspiras? ¿Qué sientes cuando te quejas? ¿Cómo te sientes respecto de ti mismo? ¿Qué pensamientos hay detrás de tus diferentes estados de ánimo?

En cuanto a tus deseos, ¿crees y sientes que eres merecedor de éstos o los alejas de forma subconsciente? ¿Tienes emociones encontradas respecto de tus deseos y su manifestación? ¿Realmente te imaginas viviéndolos? ¿En verdad los quieres y los recibes en tu vida? ¿Qué haces para que se manifiesten en tu vida? ¿Qué acciones llevas a cabo para acercarte cada vez más a su manifestación? ¿Cómo los llamas? ¿Qué haces cada día para crear la vida que quieres? ¡No basta sólo con soñar: hay que actuar!

Vivo, pienso y actúo
como si mi deseo fuera ya una realidad.

Al principio no entendía esta frase; pensaba: "¿Cómo voy a actuar así, si mi deseo está tan lejos de cumplirse?" Comprendí finalmente que el punto más delicado de la visualización es que, para que funcione, uno tiene que enfocarse en las manifestaciones positivas ya existentes en su deseo de vida para poder amplificar su vibración y atraerlo por resonancia.

Si tu deseo se relaciona con la prosperidad, seguramente puedes encontrar alguna manifestación de ésta en tu vida, por mínima que sea. Debes enfocarte en lo que sí tienes para poder reconocerte como creador consciente de tu realidad y a partir de ahí comenzar a generar lo que deseas. Si lo que deseas es atraer prosperidad, tu conciencia debe vibrar en prosperidad. Sólo así tus pensamientos, emociones y acciones tendrán congruencia con tus deseos, porque será tu estado de conciencia lo que manifestarás.

Abre la puerta a la manifestación de tus deseos, permite que se expresen y agradécelos. Enfócate en que cada vibración que emitas en pensamiento, emoción y acción se corresponda con la vibración de tus deseos.

Confía en un poder superior

En mi experiencia, la confianza en un poder superior ha sido vital. Reconozco este poder como superior a mi individualidad, pero que es parte de mí tanto como yo soy parte de él. Es para mí la conciencia universal de inteligencia infinita que vive en cada ser, como una chispa divina.

Aceptar que somos hijos de un poder y una inteligencia superiores nos genera una confianza que nos permite sentir con certeza que, si un deseo nuestro está alineado con nuestro bien más elevado se manifestará, como un niño que confía ciegamente en el criterio de sus padres porque sabe que, si va de la mano con ellos, todo estará bien para él. De la misma manera sé que si voy por la vida en conexión y en armonía con la mente universal, todo estará bien para mí.

Sé que este poder me guiará hacia mi bien más elevado, sólo tengo que aprender a escuchar su voz y entender su idioma. Es aprender a hablar y a escuchar el lenguaje del universo. En lo personal, cuando busco de manera consciente ser guiada por mi poder superior, procuro abstraerme de mi mente racional y enfocarme en generar las frecuencias vibratorias más elevadas de las que soy capaz.

Me conecto con la versión más elevada de mí misma, con mis vibraciones más elevadas, y esto me permite sentir la conexión con la mente universal. Es una experiencia que no se puede explicar racionalmente. Para comprenderla es necesario experimentarla, pero, cuando esto sucede, es innegable que uno responde a una fuerza superior a la propia individualidad, y tampoco existe desconfianza alguna ante la veracidad que transmite el mensaje de esta fuente.

El mensaje o impacto de información es certero, veraz e inobjetable para el corazón que está dispuesto a escucharlo. Cuando aprendes a confiar en un poder superior, cuando reconoces su existencia, cuando admites que hay una fuerza a la que estás conectado, que vive dentro de ti y que siempre te lleva hacia donde *necesitas* ir, obtienes mayor aceptación ante la vida y las circunstancias que se presentan, por muy dolorosas que sean, porque sabes que están ahí para llevarte a un mejor lugar, para darte algo (aunque en apariencia te lo estén quitando), para modificar algo en ti o en tu entorno.

Ejercicio para redescubrir los regalos de la vida

Te pido que escribas de tres a cinco cosas que te hayan sucedido y fueron de gran impacto en tu vida. Una vez que lo hayas hecho, reflexiona lo siguiente sobre cada una de las experiencias que escribiste:

¿Qué emociones generó en ti esta experiencia?

____

____

____

¿Qué descubriste?

___

___

___

¿Qué aspectos nuevos de tu personalidad o de tu entorno descubriste?

___

___

___

¿Cómo afectó en tu conducta?

___

___

___

¿Cómo afectó en tu percepción de la vida?

___

___

___

En los momentos cuando yo me sentía mal por las cosas que sucedían a mi alrededor o que *me sucedían*, mi ser no estaba listo todavía para *aprehender* todas estas verdades que ahora son parte de mí y, por tanto, modificaron mi vida y mi visión ante las circunstancias.

Yo soy la creadora deliberada de mi vida, y ésta no es una frase hecha para mí. La comprendo, me responsabilizo de ella e intento vibrar con esta creencia todos los días. Cuando alguna circunstancia me lleva a querer instalarme en un patrón viejo de pensamiento en el cual me percibo como víctima, hago un esfuerzo consciente por desapegarme de esta energía, por recordar mi poder creativo, por reconocer la manera como pude haber contribuido a generar determinada realidad insatisfactoria y por admitir mi parte de responsabilidad.

Reconocer nuestra responsabilidad nos afirma en nuestro poder creativo. Si nunca tienes nada que ver en la manifestación de un problema o conflicto, tampoco tendrás que ver en la solución o canalización creativa del mismo. Es imposible ser conscientes de todos nuestros pensamientos, pero sí hay una manera de controlarlos y es por medio de nuestras emociones. Podemos elegir cuáles emociones generar en nosotros y sus vibraciones atraerán los pensamientos que sintonicen con la frecuencia que emitimos.

Si te ves atrapado por una emoción negativa, y eres consciente de ello y quieres elevar tu frecuencia vibratoria, el simple hecho de pensar en algo o alguien positivo, escuchar una buena pieza de música o lo que sea que tú sepas que eleva tus frecuencias, funcionará y a partir de ahí sólo tienes que concentrarte en seguir enfocándote en sentirte bien, en seguir expandiendo el bienestar y las vibraciones positivas en tu vida. Es seguir viendo lo positivo en todo, aunque sea en lo negativo.

Las dificultades y las situaciones adversas siempre traen un regalo escondido. Valora y agradece todo lo que tienes en tu vida; no es fácil: requiere mucha constancia, conciencia, valentía y disciplina, pero en lo personal creo que es mucho más doloroso y difícil sentirnos *marionetas del destino* o de nuestras emociones.

¿Por qué otra vez?

¿Por qué muchas veces, por más que nos esforcemos una y otra vez, siempre obtenemos los mismos resultados? Imploramos soluciones a Dios y esperamos que él nos resuelva la vida; pretendemos dejar todo en sus manos, y delegamos así la responsabilidad de nuestra vida y nuestra realidad. También delegamos nuestro poder creativo. "Dios, ¿por qué no me ayudas?" "Dios, ¿por qué eres tan injusto?" "Dios, ¿por qué otra vez...?"

Dios, o como sea que cada uno conciba esta gran fuerza, nos ayudará en la medida en que nosotros lo hagamos. En tanto nos conectemos con nuestro poder superior, siempre que afrontemos nuestras limitaciones y las superemos, estaremos más y más en contacto con éste, porque vive dentro de cada uno de nosotros como una chispa de conciencia divina.

Si podemos conectarnos con él y guiar nuestro camino por medio de sus enseñanzas, caminaremos por el sendero de esta inteligencia infinita. Estaremos hablando el idioma del universo.

Habla el mismo idioma

No puedes pretender comunicarte bien con alguien si no entiendes su idioma o sus términos. No hay nada en la naturaleza que no tenga una razón de ser, que no sea consecuente con la energía que se manifiesta a su alrededor. Si algo se presenta una y otra vez en tu vida es porque tu subconsciente lo atrae y lo expresa de manera repetitiva. El universo te devuelve lo que tú creas.

Todo tiene una razón de ser. Las dificultades, si sabemos apreciarlas, siempre traen oculta una enseñanza, un aprendizaje, una nueva manera de ver las cosas, una motivación para superarnos y una perspectiva desconocida para nosotros. La enseñanza o el regalo oculto es muy personal y cada quien descubrirá el suyo.

Conecta tu vida y tu corazón a la sabiduría que vive en ti; conecta tu corazón a la vibración más elevada posible y así harás contacto con la sabiduría de la conciencia universal. Tú eres su reflejo. Vive por medio de su sabiduría y genera emociones y pensamientos positivos, de esta manera harás que tus manifestaciones sean positivas porque siempre serán consecuentes con la energía que estás creando. Eso no podrás evitarlo.

Más vale crear con conciencia que ser víctimas de la falta de ésta. Enfócate en lo que quieres y tradúcelo en pensamientos e imágenes cargados de emociones positivas. Visualízate con tu deseo cumplido y expande la emoción que ésta te genera. Vive, piensa y actúa como si tu deseo fuera ya una realidad.

Pensamiento, emoción y acción

Además de enfocarnos en el pensamiento y en el sentimiento, hay que canalizar esta energía hacia la acción. No puedes pretender tener manifestaciones positivas en tu vida con sólo sentarte a pensar; no se trata sólo de *pensar positivo*, es mucho más que eso. Para sintonizarte con la vibración de tu deseo y atraerlo a tu vida, debes hacerlo en pensamiento, emoción y acción. La energía del pensamiento y de la emoción debe conducir a una acción creativa que llame a la manifestación. Toda tu energía y tu conducta deben ser congruentes con tu deseo.

Muchas veces queremos algo, ¡pero no hacemos nada por conseguirlo! O a veces queremos algo, pensamos que hacemos muchas cosas para obtenerlo, pero nuestra actitud, nuestra vibración y nuestros pensamientos dominantes repelen la manifestación de lo que deseamos o atraen todo lo contrario. Y nosotros nos quedamos sin entender por qué nunca logramos lo que queremos. Qué paradoja, ¿verdad?

Si alguna vez has sentido o sientes que tienes una relación de carencia con el dinero, sientes que se te escurre entre las manos, que no te alcanza que te esfuerzas y trabajas mucho, pero aun así a menudo te encuentras en una situación de escasez e inestabilidad económica, desesperación y vulnerabilidad en el aspecto económico, tienes que revisar desde qué lugar te relacionas con el dinero. ¿Cuáles son tus creencias implícitas en tu relación con éste?

Tenemos creencias tan fuertemente arraigadas en el subconsciente que muchas veces, si no las vemos y las trabajamos a nivel consciente, nos llevan a generar una y otra vez la realidad contra la que supuestamente estamos luchando. Por mucho esfuerzo y trabajo que realicemos, si nuestras vibraciones son de carencia esto es lo único que atraeremos.

Puedes pedir y hacer muchas cosas para que se cumplan tus deseos, incluso pensar positivamente a ratos y cuando recuerdes que es importante, pero si tu emocionalidad es de carencia, desesperación, frustración o enojo, estarás pidiendo una cosa y rechazándola al mismo tiempo sin saberlo. Se requiere conciencia, franqueza y perseverancia para poder cambiar la información de nuestro subconsciente. Hay que revisar las creencias negativas y comenzar poco a poco a quitarles fuerza para incorporar nuevas creencias positivas; mantener las vibraciones altas y que cada cosa que hagas sea con la determinación, la seguridad y la fuerza de ver tu deseo cumplido; aprender a comunicarte con el idioma del universo, y reconocer, generar y expandir las emociones de lo que quieres atraer a tu vida.

Al elevar la frecuencia energética, la creatividad se desbloquea y las alternativas que antes no eran perceptibles se presentan ante tus ojos. Cuando esto sucede, has desarrollado ya la suficiente confianza como para tomar lo que antes ni siquiera podías ver. Las oportunidades se presentan siempre cuando estamos listos para recibirlas. Dicen que *el maestro se presenta cuando el alumno está listo* y con las dificultades y las oportunidades funciona igual.

¿Dificultades u oportunidades?

Todo en la vida llega a nosotros en el momento cuando, lo sepamos o no, estamos preparados para recibirlo. A veces nos preguntamos: "¿Por qué tardé tanto en recibir esto que quería?" o "¿Por qué esta situación se manifiesta en mi vida con tanta frecuencia?" Todo llega en el momento en que debe llegar, incluso las dificultades.

Éstas últimas nos impulsan a crecer, a desarrollar aspectos de nosotros mismos que de otra manera no desarrollaríamos, nos obligan a enfrentar nuestros miedos y a superarlos. ¡Benditas sean las dificultades! Porque si sabemos aprovecharlas y valorarlas nos llevan a convertirnos cada día en una mejor versión de nosotros mismos. Toda situación adversa trae consigo un regalo oculto que espera ser descubierto y recibido por nosotros.

Personalmente, cuando me enfrento con alguna dificultad, procuro no caer en el pesimismo, en la frustración o el enojo, que son los estados en los que se suele caer en estas circunstancias; por el contrario, las afronto de diferente manera. Veo la dificultad como una oportunidad de superarme, de crecer, de renovarme, de moverme del lugar en donde estaba, de aprender.

Al principio cuesta trabajo ver las dificultades desde esta perspectiva. La tendencia será la de oposición al cambio, la resistencia a la luz de la conciencia, a movernos del lugar en donde estamos, a ver lo que no queremos ver, a hacer lo que no nos atrevemos a hacer; pero si nos damos la oportunidad de cambiar el enfoque, podemos atravesar las dificultades sintiéndonos fortalecidos y más conscientes.

Las creencias negativas hacen que dejemos de lado nuestro poder creativo, aquél que crea la realidad que queremos. Superar las propias limitaciones a cada momento y no abandonarnos requiere mucha conciencia, voluntad y disciplina, pero pienso que vale la pena. Sólo a partir de tener este objetivo presente en tu conciencia y en tu ser es que puedes ser y dar lo mejor de ti a los demás. Hoy sé que mis limitaciones sólo viven en mi mente y sólo se hacen presentes si yo lo permito.

Armonía infinita

La ley de la atracción funciona tanto como la ley de gravedad, la comprendas o no. Si te enfocas en ver lo que sí tienes, valorarlo, agradecerlo y, por medio de tu frecuencia vibratoria, atraer más manifestaciones positivas a tu vida, indefectiblemente lo harás. Si comienzas a elevar tus vibraciones, tu creatividad también lo hará; comenzarás a ver oportunidades de progreso y prosperidad y las tomarás porque sabrás que son para ti.

Tu parte en este proceso es aprender a atraer y reconocer las diferentes vibraciones y manifestaciones que estén alineadas con tu deseo. Así atraerás a tu vida todos los elementos que necesitas para llegar a la manifestación del mismo. Si tu deseo incluye prosperidad, abundancia, amor, salud y bienestar, debes aprender a reconocer las manifestaciones ya existentes en tu vida de estas energías (por muy pocas que te parezcan), agradecerlas y aprender a vibrar en su frecuencia para que el universo te devuelva cada vez más manifestaciones de ese tipo.

Dios es la conciencia universal de inteligencia infinita donde todo es armonía y funciona de acuerdo con leyes básicas e inquebrantables; una de esas leyes es la ley de la atracción, que funciona la comprendas o no, la ejerzas a tu favor o no. La injusticia sólo existe en las leyes humanas. Todo efecto tiene su causa y eso es parte de la armonía y de las leyes del universo. Todo tiene su razón de ser, un aprendizaje y una sabiduría oculta lista para revelarse ante el corazón que quiera reconocerla. Todo responde a un balance y una armonía intrínsecos a esta mente de sabiduría infinita.

Creo que las distorsiones aplicadas a esta fuerza divina sólo tienen lugar en la mente humana. Poder mirar mi vida y mis experiencias en perspectiva me da paz. Si recuerdo un suceso doloroso pasado y puedo ver cómo ese evento o experiencia colaboró para que hoy estuviera en un mejor lugar, entonces puedo saber que lo que sea que esté experimentando hoy es justamente lo que debo experimentar, lo que es mejor para mí. Permitir que suceda y aprender de mi experiencia siempre me llevará a un mejor lugar. Me da paz saber que hay una inteligencia superior con la que estoy conectada y que guía mis pasos hacia mi bien más elevado, si yo lo permito.

¿Dónde olvidamos nuestro poder?

Los niños se devoran el mundo con su alegría, su inocencia y su desenfado. Están seguros de que tendrán todo lo que necesiten, no se lo cuestionan; por poco o mucho que tengan, confían. Auténticos, alegres y confiados, así son. Luego van creciendo y aprendiendo a dudar de su criterio y de sí mismos. Pueden volverse desafiantes, inseguros, dominantes o sumisos, pero casi todos aprenden a dudar, al punto en que ya como adultos muchos han olvidado su poder creativo y, a veces, su alegría.

¡Qué crimen aniquilar nuestra alegría! ¡El solo hecho de ser parte de este mundo y poder experimentarlo implica una alegría inmensa! ¿Cómo es que nos olvidamos con tanta facilidad de nuestra grandeza? ¿En qué momento cedemos nuestro poder a los demás o a las circunstancias externas? ¿Cómo es que nos convertimos en marionetas del destino y vemos la vida pasar en lugar de vivirla? ¿En qué punto hacemos a un lado toda responsabilidad de nuestra vida?

¿Por qué no podemos ver que nada va a cambiar en nuestra vida si no modificamos nuestros patrones de pensamiento? ¿Qué es lo que necesitamos para dejar de esperar que nos llegue la vida que queremos y comenzar a crearla? Si quieres algo en tu vida, tienes que comenzar a crearlo y atraerlo hoy.

Todos los días haz algo que te acerque a aquello que quieres en tu vida, *invítalo.*

Estos cambios requieren un trabajo personal fuerte y lo que funciona para mí nunca será igual a lo que a ti. Hay variables individuales que cada persona descubrirá y ajustará a su tiempo, pero sí hay un elemento que debe estar intrínseco en cada persona que se aventure a un trabajo personal de esta magnitud: el deseo ferviente de superarse y de ser feliz. Nada ni nadie debe interponerse a ese deseo.

En nombre del destino dejamos nuestros deseos de lado, los olvidamos o nos rendimos ante las dificultades, sin pensar que si hubiéramos insistido un poco más el éxito o nuestros sueños nos esperarían a la vuelta de la esquina. Los grandes nombres de la historia fracasaron muchas veces antes de concretar sus deseos y ser exitosos, pero perseveraron y, sobre todo y ante todo, su actitud mental fue siempre de triunfo.

¿Por qué caemos tantas veces en la conformidad? ¿Por qué nos rendimos tan fácilmente? ¿Por qué perdemos la alegría? Porque dejamos de confiar en nosotros mismos y olvidamos lo que sabíamos perfectamente cuando éramos niños: quiénes somos, de dónde venimos y el poder que tenemos. La falta de conexión con la conciencia universal y con nuestro origen puede hundirnos en una depresión y en sentimientos de desencanto por la vida. Nos hace sentirnos perdidos en el mar de nuestras emociones, sin saber que en verdad tenemos todas las herramientas para crearnos una realidad maravillosa. El miedo a enfrentar nuestros temores y nuestras creencias puede ser tan fuerte que nos rendimos antes de siquiera conocernos.

Algunos obstáculos que bloquean el desarrollo

Miedo

Se tiene miedo a confiar en uno mismo, a no cumplir con las expectativas, a ser juzgado, al fracaso, al éxito y a los propios miedos. En definitiva, el miedo nace de la falta de confianza, la mayoría de las veces, en uno mismo. Incluso, detrás de la falta de confianza en los demás hay una falta de confianza en uno mismo. Cuando comienzas a confiar realmente en ti, a tener fe en ti, nada que diga o haga otra persona podrá moverte de tu centro.

Es probable que tengamos miedo a hacer las cosas que queremos porque nos sentimos muy comprometidos con éstas, pero qué paradójico es que entonces escojamos evadirlo en lo absoluto. Tenemos miedo al fracaso porque sentimos que lo que hacemos y sus resultados nos definirán como personas, pero en realidad lo que nos define mucho más es hacer o no hacer lo que queremos, crear o no crear la realidad que queremos para nosotros.

Tomar tu lugar en el mundo, aquél que eliges para ti, y crear la vida que quieres exige mucha valentía, conciencia, responsabilidad, perseverancia y trabajo. Requiere dejar los cómodos pensamientos negativos de lado e incorporar nuevas creencias y pensamientos positivos. No es fácil, pero es mucho más difícil y doloroso esperar que algún día la vida comience.

Dicen que lo único a lo que hay que temer es al miedo mismo, pues puede ser un fantasma tan grande que inmovilice nuestro actuar, al punto de sentir que sólo somos unos simples espectadores de nuestra vida; sentimos el dolor y el desencanto, pero no podemos hacer nada al respecto porque el miedo nos paraliza. El miedo puede mantenernos en un estado de tal inmovilidad que podemos hasta olvidarnos de lo que deseamos para nuestra vida.

Tu vida es tu privilegio y de nadie más; es tu responsabilidad hacer con ella lo mejor que puedas, vivirla como quieras y crear para ti lo que tú quieras. Al final del camino no tendrás que darle explicaciones a nadie, más que a ti mismo. Además, si no eres auténtico, pleno y sincero contigo mismo, ¿qué crees que puedas dar a los demás?

Postergación

La postergación es la hermana menor del miedo: camina a su lado y bajo su sombra. Nos da la esperanza de que algún día tendremos la vida que queremos y a su vez nos excusa de no vivirla en el presente. Es también una manera de alejarnos de nuestro ahora en un tiempo imaginario que nunca llegará, ya que si tenemos como un hábito a esta pequeña amiga, difícilmente nos abandonará. Ella llega para quedarse, nosotros le hacemos lugar y cómoda se instala en el hueco entre el miedo y la duda.

La postergación es una herramienta perfecta para no enfrentarnos a las emociones que nuestro presente nos genera y, por tanto, no tenemos que tomar ninguna decisión al respecto. En definitiva, nos hace irresponsables de nuestra propia vida. ¿Cuánto tiempo la utilicé en mi vida? Demasiado; el tiempo necesario como para que me asfixiara. Hoy, cuando quiere acomodarse de nuevo, le doy las gracias pero le aclaro que ya no la necesito. Hoy decido actuar, ya no postergar. Y tú, ¿qué tanto te escudas en la postergación?

Culpa

Puedes sentir culpa por algo que hiciste o dejaste de hacer. En ambos casos puede ser inculcada por necesidades y expectativas propios o de alguien más. La culpa instaurada en la infancia puede seguir vigente en la edad adulta, quizá transfiriendo las figuras paternas a otras personas que sirvan como referentes de estas imágenes en la etapa actual. La necesidad de lograr el apoyo y la aprobación de éstas sigue presente, aunque esté transferida a otras personas.

Se puede considerar que la culpa es una reacción a residuos de normas que te fueron impuestas y por las que aún tratas de complacer a alguna ausente figura de autoridad o como resultado de tus esfuerzos por vivir a la altura de normas autoimpuestas que no corresponden a tus necesidades reales, pero con las que sientes que debes cumplir.

La culpa no trae nada positivo, nos inmoviliza y no nos permite construir algo nuevo. La angustia que provoca la culpa impide la aceptación del momento y la experiencia actuales. Nos aleja del presente y nos mantiene inmóviles con nuestra energía en el pasado.

Muy diferente a sentirse culpable es sentirse arrepentido y responsable por algo, lo cual implica tener la habilidad de responder, recapacitar sobre una situación, contactar con la experiencia presente y, a partir de ahí, poder generar una nueva vivencia, más favorable para todas las partes involucradas. Por su parte, la culpa inmoviliza y aumenta las posibilidades de que el patrón de comportamiento que la causó vuelva a repetirse. El sentido de responsabilidad nos impulsa a un cambio de conciencia, nos impulsa al movimiento.

Muchas veces la culpa no nos permite alcanzar nuestros objetivos ni disfrutar de nuestros logros, porque en ocaciones albergamos en nuestro interior mandatos o patrones de pensamiento de los que ni siquiera somos conscientes. Sentir que debemos cumplir con determinados papeles o expectativas impuestos o autoimpuestos, en nuestro círculo familiar, puede ser un generador de culpa muy potente. También nace por sentirnos responsables de la felicidad o infelicidad de alguien más o de todo lo que pasa a nuestro alrededor.

Este sentimiento suele despertarse en la infancia, en una dinámica familiar disfuncional en la que alguno de los padres, o los dos, con mensajes directos o indirectos (y bien disfrazados la mayoría de las veces), responsabilizan al niño de su felicidad o de la falta de ésta muchas veces con mensajes como: "Con todo lo que yo hago por ti", "Con todo lo que yo sacrifiqué por ti", "Si no fuera por mí...", o, a veces, sin siquiera decir alguna de estas frases pero haciendo evidente con actitudes, miradas y silencios mensajes similares al siguiente: "Yo estoy bien y tú estás mal...", "Cómo puedes hacerme esto a mí..." Las expresiones de este tipo la mayoría de las veces no derivan de una mala intención de los padres, pero sí de una falta de conciencia y de valor para verse más de cerca y responsabilizarse de las propias frustraciones y limitaciones, en lugar de derivar esa carga en un pequeño que lo único que puede hacer en ese momento es tomar como válidos los mensajes que recibe.

En la infancia necesitamos la aprobación incondicional de nuestros padres; cuando esto no sucede así y la desaprobación de nuestros actos se confunde con la de nuestra persona, nos sentimos culpables, inadecuados y no merecedores. El sentimiento de no merecer la aprobación y el afecto de nuestros padres se traduce más adelante en no sentirnos dignos de la satisfacción de nuestras necesidades y nuestros deseos.

Por fortuna, en la edad adulta tenemos la capacidad de observar el abanico de mensajes que hemos recibido en nuestra niñez y podemos decidir con cuáles quedarnos y cuáles desechar, para remplazarlos por pensamientos nuevos y creencias positivas. Cambiar tu actitud respecto de las cosas que te producen culpa es tu responsabilidad como adulto. Es evaluar aquello sobre lo que sí puedes hacer algo y soltar el sentimiento de culpa por aquellas cosas sobre las que no tienes control alguno.

La culpabilidad no sirve de nada, al contrario, sólo te inmoviliza y aumenta las posibilidades de que repitas el mismo comportamiento indeseado en el futuro. La culpa puede servir de retribución en sí misma y también de permiso para repetir esa actitud, pero esto sólo alimenta un círculo de comportamiento negativo y disfuncional sin generar nada positivo. La culpa no es una manera natural de comportarse, es una reacción emocional aprendida que sólo puede ser usada si una persona le muestra a la otra que es vulnerable a ella. No hay sentimiento de culpa, por grande que sea, que pueda alterar el comportamiento pasado. El arrepentimiento, en cambio, permite contactarnos con el momento presente, replantearnos nuestra actitud y, a partir de la experiencia presente, construir algo nuevo.

Pregúntate qué evitas en el presente en nombre del pasado, a quién quieres complacer y honrar con tu culpabilidad. Es necesario que tú te apruebes, pues cuando los demás lo hacen es agradable, pero no tan necesario como hacerlo tú. Cuando no necesites aprobación, desaparecerá la culpa que puedes sentir por el comportamiento que no obtiene la aprobación de los demás. Una vez que logres desconectar la culpa, la posibilidad de que otra persona te manipule y te controle emocionalmente habrá desaparecido para siempre. Y, con ello, la culpa también dejará de ser un obstáculo para tu desarrollo.

Negar las propias limitaciones

La coraza de la perfección es un gran obstáculo para el desarrollo. Si me creo perfecta o no soy consciente de mis defectos de carácter, me cierro a ver mis limitaciones y con ello cierro a toda posibilidad de tener un verdadero crecimiento.

Creernos capaces de juzgar y sentenciar a otras personas, etiquetarlas o limitar su comportamiento a una sola de sus facetas, sólo es una manera de desviar la atención de nosotros mismos. Es mucho más fácil juzgar y ver las limitaciones de los demás, que ver las propias y, por lo general, lo que más señalamos en los demás habla más de nosotros que de ellos. Dicen que cuando señalas a alguien, un dedo apunta hacia la otra persona y los demás hacia ti. Si algo te disgusta del otro, sólo indica que es el reflejo de una parte incómoda u oculta en ti. El hábito de juzgar no aporta nada positivo a tu propio crecimiento; por el contrario, te aleja de él.

Si niegas tus limitaciones, también niegas tu crecimiento y la posibilidad de experimentar una verdadera felicidad. En la medida que puedes aceptar los diferentes aspectos de tu ser, liberas una gran cantidad de energía que estaba enfocada en contener y reprimir, pero ahora puede construir e integrar. Amplías tus percepciones y, por tanto, también tus posibilidades.

¡Qué carga tan terrible andar por la vida manteniendo una pose de perfección! Desde el momento en que somos seres humanos, la perfección no es una opción viable. Somos perfectamente imperfectos, ¡y ahí está la belleza! Vinimos a este mundo a experimentar emociones, ¡no a negarlas! Cuando te exiges tanto, al punto de no permitirte experimentar el abanico de emociones intrínsecas a nuestra calidad humana, limitas tu autoconcepto y también la riqueza en el espectro de emociones, sentimientos y percepciones. Si limitamos nuestras percepciones, limitamos nuestra conciencia y, por ende, también nuestras manifestaciones. Por supuesto que la coraza de la perfección ofrece una muy buena zona de seguridad, pero también es una zona estéril donde nada nuevo o fértil puede crecer. Tú eliges en qué tierra quieres sembrar.

Proyectar nuestra sombra en los demás

Nuestra sombra está constituida por todos los aspectos de nuestro carácter que no reconocemos como propios, escapan de nuestra conciencia y, por una u otra razón, nos esforzamos por mantener alienados con nuestro autoconcepto. Por no ser reconocidos ni aceptados, cuando estos aspectos de nuestra persona son visibles, por lo general lo hacen de una forma desmedida que nos asusta y nos hace rechazarlos u ocultarlos aún más. En lugar de manejarlos de una forma amistosa, como podríamos acercarnos a un amigo que queremos y que se ha conducido por un camino que juzgamos equivocado, los rechazamos y expulsamos cada vez más lejos de nuestra conciencia.

Todas las facetas de nuestro carácter, incluso las que más nos disgustan, pueden ser nuestras amigas si así decidimos verlo, porque siempre debajo de la forma que tomen hay un mensaje oculto que, si tenemos la valentía de escuchar y atender, promueve nuestro crecimiento. Si una faceta de tu personalidad se manifiesta, te guste o no, para algo está presente. Si la atiendes y la escuchas, podrás decidir qué hacer con ella; si no, serás una víctima de tus propias emociones.

No se trata de fomentar lo negativo sino de escucharlo, imprimirle conciencia y, a partir de ahí, optar por nuevos caminos. Al imprimirles conciencia, aceptación y comprensión a tus aspectos negativos, puedes liberar esta energía y canalizarla de forma constructiva. Desde luego que no es grato reconocer que puedes manifestar energías negativas pero, si lo haces, puedes elegir enfocarte en expresar y desarrollar tus aspectos positivos.

Puedes elegir cuáles emociones quieres generar y en cuáles quieres enfocarte a partir del desarrollo de tu conciencia; puedes dejar de ser un títere de tus procesos emocionales e intervenir de manera activa y consciente en éstos.

Es común que, cuando nos negamos a reconocer nuestras limitaciones y emociones negativas, lo que hacemos es proyectar nuestra sombra en los demás. Nos volvemos críticos expertos que todo lo saben, identificados con una autoimagen de perfección falsamente edificada y sostenida en gran medida gracias al hecho de juzgar y criticar a los demás. Si tus ojos están puestos en los demás y te especializas en detectar sus errores y en juzgarlos, de alguna manera eso te exonera de detener la mirada en ti. Por medio de autoengaños y de suprimir nuestra conciencia, nos especializamos en proyectar una imagen de nosotros mismos identificada con un ideal de *perfección* (que, por cierto, no existe) e imposible de criticar. Así nos sentimos seguros, protegidos de la crítica, y también de no tener que desafiar nuestra conciencia y nos mantenemos en una zona de comodidad.

Actuamos de acuerdo con este patrón cuando creemos saberlo todo, cuando todo lo juzgamos y nos creemos incuestionables y poseedores de la verdad absoluta, como si realmente hubiera una sola. Hay tantas verdades como realidades y todas igualmente valiosas; también hay maneras más efectivas que otras de hacer las cosas, pero siempre se puede aprender o descubrir algo nuevo. Cuando te ves como un producto acabado e inmejorable, te limitas. Al limitar nuestra conciencia, limitamos nuestra percepción y nuestras posibilidades de aprendizaje y de crecimiento.

Baja autoestima

Una baja autoestima es un gran obstáculo para el desarrollo y el crecimiento personales; una buena autoestima es la piedra angular de éstos últimos. Por lo general, detrás de todas las dificultades que generamos para nuestro crecimiento subyace una baja o deficiente autoestima.

La autoestima es la percepción evaluativa de uno mismo. Implica la confianza en tus capacidades y habilidades para hacerle frente a los desafíos que te presenta la vida y, además, la certeza de sentirte merecedor de felicidad. Una baja autoestima te separa de tus objetivos al no percibirte como merecedor de éstos. Si no te consideras capaz de manifestar lo que deseas en tu vida y tampoco te crees merecedor de ello, indefectiblemente tus patrones de conducta alejarán las manifestaciones positivas de tu vida. Si deseas y trabajas fuertemente por algo, pero en el fondo sientes no merecerlo, no lo atraerás a tu vida porque de forma inconsciente lo rechazas.

Una buena autoestima nos permite enfrentarnos a la vida y a sus circunstancias con mayor confianza y optimismo; permite que seamos más ambiciosos y creativos para alcanzar nuestros objetivos, y nos brinda la confianza necesaria para perseverar en el proceso hasta lograrlo. Una buena autoestima va de la mano con la confianza en el propio potencial y en el universo que nos sustenta. Nos da mayor creatividad al momento de solucionar conflictos o alcanzar objetivos. Como dice Nathaniel Branden: "La autoestima positiva es el pasaporte para el éxito". Si tienes una autoestima deficiente y quieres subirte al tren del éxito, debes trabajar en fomentar y desarrollar una autoestima positiva.

La mejor manera de retar y revertir un concepto negativo o deficiente de ti mismo es por medio de la acción, pues es así como amplías tu autoconcepto y aprendes a percibirte de una manera más positiva. Tus acciones te definen y con éstas te expresas y defines ante ti y el mundo. Así, si tienes una creencia negativa o limitante respecto de tu persona y decides emprender acciones concretas que contradigan, cuestionen o debiliten tu idea limitante, ampliarás y fortalecerás tu autoconcepto y, por ende, tu autoestima.

Nuevas acciones nos abren nuevas posibilidades y percepciones. Con cada acción vuelves a definirte y, mientras más actúes en conciencia, más fortalecida saldrá tu autoestima.

La autoestima, sea positiva o negativa, lejos de ser una cualidad adquirida casi al azar, y que muchas veces cuando es negativa pareciera representar una marca de fuego o un estigma con el que hay que cargar, tiene mucho más que ver con hábitos que desarrollamos y reforzamos día con día. Puedes aprender a percibirte de una manera nueva y positiva por medio del desarrollo de hábitos que te permitan ver lo mejor de ti y desde ahí generar una nueva realidad.

Las experiencias que hayamos tenido en la infancia, las relaciones con nuestros padres, con otras figuras significativas para nosotros y con nuestros pares influye en gran medida en reforzar o debilitar nuestra autoestima, pero en la edad adulta es nuestra decisión ejercer hábitos y prácticas que nos ayuden a revertir una baja autoestima o escudarnos en ella para no afrontar nuestras limitaciones ni trabajar en superarlas.

Es nuestra decisión desarrollar un criterio propio
sobre nosotros mismos, respetarlo,
hacerlo valer y vivir de acuerdo con éste.

El desarrollo de una autoestima sana y positiva implica un proceso evolutivo. Cuando somos niños, el autoconcepto se basa en la apreciación que las personas significativas de nuestra vida nos devuelven de nosotros. Por ejemplo, en la niñez, nuestros padres, y, en la adolescencia, cobran gran relevancia nuestros amigos o pares. La aceptación de nuestras emociones, sentimientos, acciones y de nuestra persona en general por parte de los demás refuerza y edifica nuestra autoestima.

Además de la aceptación, hay otros factores de radical importancia en el desarrollo de una autoestima sana: el concepto de visibilidad y el de autenticidad. La visibilidad implica sentirte presente para el otro, que realmente vea tus necesidades y tus sentimientos. Este concepto enfatiza la necesidad de una expresión auténtica del ser y una validación de los propios sentimientos: lo que me sucede es real, es válido, es aceptado y yo tengo derecho a sentirlo y expresarlo. Esto no quiere decir que siempre estemos de acuerdo con lo que el otro siente, pero aceptamos que así pueda sentirlo. En el caso de los niños, podemos desaprobar su conducta sin que esto implique desaprobarlos a ellos; si la expresión de mi ser tiene lugar, yo tengo lugar en el mundo.

La autenticidad se basa en la comprobación que hace el niño entre la percepción que le devolvemos de su persona y su propia experiencia. Si la distancia que hay entre estas dos percepciones es muy grande, el niño se sentirá confundido y esta experiencia provocará una mella en su autoestima. De alguna manera se sentirá un fraude y sentirá que *no es verdad*, lo que para la autoestima se traduce en *yo no soy verdad.*

A medida que crecemos, nuestra conciencia sobre nosotros mismos se modifica y amplía y, poco a poco, debemos reafirmar y fortalecer nuestro autoconcepto con acciones y hábitos que expresen a cada momento la persona que elegimos ser. Así se desarrolla una sana y fuerte autoestima, congruente con nuestro proceso interno y con nuestras manifestaciones en la vida. Cuando esto no sucede así, nos desarrollamos sin una conciencia de nuestro proceso interno y sin la claridad de cuáles son los hábitos y habilidades internas que nos hacen tener confianza en nuestro potencial. Cuando avanzamos por la vida sin conciencia, por lo general lo que se desarrolla es el ego, pero no se construye una sana y fuerte autoestima lista para hacerle frente a cualquier circunstancia que se nos presente.

La vida nos pone en el camino diferentes pruebas para que descubramos y desarrollemos nuestros recursos internos. Cuando aceptamos las dificultades como oportunidades de aprendizaje y crecimiento de nuevos recursos, explotamos nuestra creatividad y nuestra autoestima se refuerza. Así, no eres la misma persona después de haber sorteado una dificultad. Nuestra autoestima se refuerza con cada logro, con cada decisión creativa, con cada acción congruente con nosotros mismos. Cuando te validas, te respetas, te expresas, te reafirmas, eres congruente y actúas de acuerdo con tu verdad más elevada, tu autoestima se refuerza. De hecho, se fortalece con cada una de estas acciones y cada vez que las ejerces.

Tu autoestima no es una condición establecida y estática, más bien es una percepción que implica un proceso evolutivo de maduración y está estrechamente ligada con la auténtica expresión del ser.

Si sabes que en el fondo no eres auténtico, congruente ni das lo mejor de ti, tu autoestima se verá lastimada. Todo nuestro ser grita su expresión auténtica como una planta *pide* agua. Puedes vivir una mentira para el resto del mundo, pero siempre sabrás tu verdad y si pudiste hacerlo mejor pero decidiste no hacerlo. Es tu decisión, es tu vida y son tus consecuencias.

Delegar nuestro poder creativo

Otro obstáculo muy grande y frecuente es delegar nuestro poder creativo: pensar que nuestra felicidad o la creación de la vida que queremos depende de alguien más o de una circunstancia externa. Frases tan comunes como:

> "Si él me diera..."
> "Si ella me quisiera..."
> "Si consiguiera ese trabajo..."
> "Cuando consiga ese puesto..."
> "Cuando tenga ese dinero..."
> "Cuando obtenga mi título..."
> "Cuando ya no tenga tantas obligaciones..."

Tu mente puede pensar en varias frases más como éstas, pues tenemos la costumbre cultural arraigada de no reconocer nuestro propio poder y de atribuir nuestro éxito y fracaso, nuestra felicidad e infelicidad, y hasta nuestra valía o la falta de ésta, a las circunstancias externas u otras personas.

Puedes comenzar a crear la realidad que quieras en el momento que decidas. Tú eres quien elige qué tanto te afectan las circunstancias o cuáles emociones quieres experimentar, y tienes el poder de generarlas y alimentarlas, sean cuales sean tanto en tu presente como en tu pasado. Nada ni nadie puede hacerte sufrir si tú no lo permites. Una circunstancia puede generarte dolor, pero el sufrimiento es lo que tú decides hacer con éste. Lo que te hace sufrir no es lo que la otra persona dice o hace, sino lo que tú te dices y el poder que le das a la otra persona o circunstancia. De la misma manera, nada ni nadie puede darte el poder o la felicidad que no te permites sentir en tu interior. Si haces que tu felicidad, tu plenitud, tu amor y tu poder creativo dependan de factores externos, lo más probable es que vivas insatisfecho, incompleto y resentido con los demás y con la vida porque no te han dado lo que necesitas.

Comienza por ti; encuentra y sintonízate con las energías que deseas atraer a tu vida y lo harás: recibirás las manifestaciones que correspondan. Disfruta cada momento presente de tu vida y vívelo con la conciencia de crear a cada instante las emociones y los pensamientos que quieres experimentar. Tienes ese poder, ¡úsalo a tu favor!

Cuando decidas empezar a generar nuevas realidades para ti, las manifestaciones que correspondan con tus viejos patrones de pensamiento y de creación ya no tendrán lugar. No pretendas que suceda de la noche a la mañana: los viejos hábitos están muy arraigados y debes emplear la misma energía que usaste para mantenerlos en remplazarlos. Lleva tiempo, pero vale la pena. Cuando logres asumirte como creador consciente, ya no te sentirás una víctima de las circunstancias y tus nuevas formas de pensamiento te darán la gratificación y la confianza que necesitas para esperar que lleguen nuevas manifestaciones positivas a tu vida. Tu regalo es tu presente y sólo te pertenece a ti.

Desilusión, desánimo y apatía

> Cuando anhelemos una vida sin dificultades, recordemos que los robles crecen con fuerza, con vientos en contra y que los diamantes nacen bajo presión.
>
> Peter Marshall

Desilusión, desánimo y apatía... ¿Cómo vencer estos sentimientos? ¿Cómo hacerlos a un lado cuando parecen envolvernos con su asfixiante energía? Un suceso determinado puede generarnos desilusión, pero cuando nos estancamos en el desánimo o en la apatía, lo que sucede suele tener una raíz mucho más profunda.

Podemos sentirnos desilusionados o desanimados por el resultado de un acontecimiento, una situación o incluso una relación, pero estancarnos en el desánimo es una elección de cómo vivir la situación adversa y también de cómo nos percibimos nosotros mismos frente a ella.

La desilusión y la decepción son naturales; si nuestras expectativas no se cumplen nos decepcionamos de personas, eventos y circunstancias. El desaliento, la desesperación y el desánimo se sienten por decisión propia: podemos elegir sentirnos mal o proponernos confrontar nuestros sentimientos y superarlos. Sentir desánimo y apatía generalizados por nuestra vida, suele tener que ver con la falta de confianza en nosotros y en nuestras posibilidades de crecimiento y de superación.

El desánimo se define como la falta de motivación o de energía para hacer algo. La apatía es la falta de emoción o entusiasmo; es un término psicológico para un estado de indiferencia en el que un individuo no responde a aspectos de la vida física, social o emocional. Puede ser específica, hacia una persona, actividad o entorno y, por lo regular, se relaciona con la depresión. Suele denotar un profundo desinterés por la vida y lo que puede ofrecernos, tanto en términos de relaciones como de alternativas de superación personal.

Al no valorar y ni siquiera ser capaces de ver lo que la vida nos ofrece, somos nosotros quienes le cerramos la puerta a nuevas experiencias y vivencias. Si tú crees que no hay ni habrá nada interesante ni valioso para ti, simplemente no lo habrá porque tus limitantes predeterminan tu experiencia. Si no abrimos nuestro corazón a las buenas experiencias, corremos el riesgo de no reconocerlas cuando lleguen.

Cuando me siento desanimada, sé que más que nunca debo concentrarme en generar vibraciones y pensamientos positivos, aunque al principio tenga que forzarlos. Si me dejo llevar por la apatía, el conformismo y mis pensamientos negativos, entro en una espiral descendente que parece no tener fin y cada vez se vuelve más y más difícil volver a elevar mis vibraciones.

Si en un momento dado eres capaz de tomar conciencia de la manera como percibes tu realidad y de cómo tu visión afecta la creación de ésta, el solo hecho de tomar conciencia te permite actuar de manera diferente y elegir una nueva opción en tu momento presente. Siempre estamos eligiendo, seamos conscientes o no de ello.

Aislamiento

Tenemos una manera particular de relacionarnos con nosotros mismos, con el mundo, y, en alguna medida, nos funciona. Nuestros patrones de conducta están dentro de nuestra zona de seguridad y movernos de ahí puede generar mucho miedo, pero cabría preguntarnos: "¿Hasta qué punto mi conducta es funcional para mi crecimiento? ¿Mi conducta respalda mi crecimiento y el logro de mis objetivos, o están supeditados a ella? ¿Soy realmente auténtico? ¿Realmente me involucro en mis relaciones? ¿Sólo muestro una máscara que me resulta segura? ¿De qué me protejo?" Muchas veces al *protegernos* nos hacemos más daño del que nos provocaría incluso ser rechazados en una interacción. No puedes esperar obtener lo mejor de la vida si no te involucras en ella.

Hay muchos mecanismos neuróticos para evadir la conciencia y tantas adaptaciones de éstos como personas existen en el mundo. No es la intención de este libro especificar estos mecanismos de evasión de la conciencia, pero sí hacer referencia a los lugares comunes en los que solemos instalarnos al limitar nuestra percepción.

El aislamiento no sólo nos priva de la posibilidad de un verdadero contacto nutricio con el mundo, sino también de nosotros mismos; nos aleja de nuestra verdad, de nuestras verdaderas posibilidades de crecimiento. Hay múltiples formas de manifestar y recrear patrones de aislamiento y mantenernos *a salvo* de la intimidad con los demás y con nosotros mismos. Lo paradójico aquí es que la persona que se aísla, por lo general, no se reconoce como responsable de su situación y se percibe más bien como una víctima de las circunstancias.

Una persona puede evitar la intimidad de muchas maneras, aunque tenga un alto nivel de interacción social. Son muchos los modos de hacerlo, pero debajo de todas las máscaras y disfraces de las personas con algún patrón de aislamiento está el miedo al rechazo y a ver aspectos de nosotros que no estamos dispuestos a aceptar ni a incorporar en nuestra conciencia. El problema aquí es que si limitas la percepción de tu ser, limitas también tus posibilidades de crecimiento.

Todo juicio y toda afirmación te dejan determinadas posibilidades disponibles y cierran la posible manifestación de otras. Recreas tu patrón de aislamiento y luego te percibes como víctima de las circunstancias, sin ver que fuiste tú quien cerró sus propias posibilidades, es decir, cualquier alternativa de crecimiento real.

Creces en las relaciones; cuando te permites expresar tu ser en una relación, tienes la posibilidad de reinventarte y redescubrirte a cada momento. Al aislarte del mundo también lo haces de ti mismo y niegas la expresión y la expansión del ser; esto normalmente lleva a la depresión y a la pérdida del sentido de vida. El resultado es mucho más nocivo que el rechazo o juicio que pudiéramos llegar a sufrir en determinada interacción. La fantasía de este rechazo es a veces tan fuerte que elegimos cerrarnos al mundo y así nos cerramos también a la vida y al crecimiento.

En una interacción nutritiva expandimos nuestra percepción y nuestras alternativas y también las de la otra persona; implica crecimiento mutuo. Toda relación, incluso aquéllas que percibimos como tóxicas, puede resultar en oportunidades de aprendizaje y crecimiento, si nos permitimos percibirla así, y llegan a nosotros cuando las necesitamos. Estar abiertos a interacciones de crecimiento y aprendizaje mutuo expande nuestras posibilidades y permite que nuestra percepción se enriquezca con otras para redescubrirnos y reafirmarnos en el encuentro.

Un patrón de aislamiento, así adquiera la forma que sea, finalmente lo único que hace es alejarnos de nuestras posibilidades de expansión y crecimiento. Al limitar nuestra percepción, limitamos también nuestras posibilidades disponibles.

Vivir en el pasado

Cuando nuestras emociones no nos permiten soltar el pasado, ya sea por ira, tristeza o resentimiento, vivimos sin poder aceptar nuestra experiencia pasada y a la vez la recreamos en nuestro presente. Al mantenernos arraigados al suceso, relación o experiencia de nuestro pasado a través de nuestras emociones, no podemos crear ninguna realidad nueva porque nuestra energía está todavía en el pasado y desde allí no puede hacerlo. De forma subconsciente recreamos la situación, relación o experiencia no resuelta en un intento fallido por superarla. Como un asunto inconcluso, la necesidad que quedó insatisfecha se estanca en nuestro cuerpo energético y se hará presente en nuestra realidad hasta que logremos superarla. Un asunto inconcluso es una necesidad insatisfecha, una parte de nuestra energía que ha quedado incompleta, que no ha sido atendida de manera satisfactoria y buscará ser vista y reconocida a través de aparecer una y otra vez en nuestra vida. A partir de que admitimos su energía y la aceptamos como parte de nuestra experiencia, podremos empezar a transformarla y canalizarla creativamente a través de la conciencia.

De igual forma, si en una relación de tu presente guardas resentimientos del pasado, te será muy difícil, si no imposible, avanzar y profundizar en la relación de una manera sana. En una relación de dos, no puedes pretender que la otra persona actúe de manera diferente si tu percepción hacia ella o él está limitada por sentimientos de sucesos pasados. El pasado vive en nuestro presente en forma de experiencias, emociones compartidas y aprendizajes. Somos lo que somos gracias a nuestras experiencias y nos moldeamos en el camino, pero hay una diferencia muy significativa entre incorporar lo pasado y estancarse en ello. Si en una relación no puedes ver a la otra persona más allá de tu necesidad insatisfecha o tu herida, te cierras la oportunidad de crear una nueva realidad con el otro.

Lo mismo sucede con todas las experiencias dolorosas y las necesidades insatisfechas: si limitas tu percepción, limitas también tus posibilidades. Vivir en el pasado no te permite contactar con tu presente. Te cierra la percepción y limita tu conducta, tus relaciones y tus manifestaciones, que tienen relación directa con tu nivel de conciencia. Si ésta última vive en el pasado, le cerrarás la puerta a cualquier realidad o manifestación diferente a las que has creado hasta hoy.

Factores que propician el desarrollo personal

Objetivos claros

¿Qué es lo que quieres? ¿Realmente lo quieres? ¿Lo visualizas en tu vida? ¿De qué manera te acercas cada día un poco más tu deseo de manifestar lo que quieres?

Muchas veces creemos que deseamos algo, pero, por otro lado, no hacemos lo necesario para que se convierta en una realidad porque no lo visualizamos realmente en nuestra vida, o porque el hecho de que nuestro deseo se cumpla nos supone un conflicto interno en términos de la imagen que proyectamos al mundo, en torno a nuestra dinámica cotidiana o a nuestras relaciones.

A veces descubrimos que vivimos de acuerdo con las expectativas y las necesidades de alguien más, en lugar de las propias, y nuestra necesidad inconsciente de aceptación y de complacer a los demás no nos permite concretar nuestros objetivos. ¿Estás cumpliendo con un rol asignado, con expectativas o mandatos ajenos o tienes claridad en lo que necesitas?

Hay que saber qué es lo que realmente quieres para tu vida, qué te hace feliz, qué te hace sentir pleno. Una respuesta rápida a estas preguntas puede ser fácil de decir, pero también puede ser engañosa. Puedes pensar en un trabajo ideal o en una solución rápida a tus problemas económicos, pero debes pensar si la transición, los cambios en tu vida y todo lo que implica el logro de tu objetivo te dará lo que en verdad buscas.

Al pensar en lo que queremos para nuestra vida, es importante considerar también: "¿Cómo quiero vivir? ¿Qué forma de vida implica esta opción? ¿Es adecuada para mí?" No todas las formas de vida ni los objetivos idealizados socialmente son adecuados para todas las personas. No puedes suponer que vas a ser feliz si tienes la vida de otra persona porque seguramente te equivocarás. Somos seres individuales con necesidades y caminos individuales. Sería más acertado permitirte descubrir qué es lo que funciona para ti, cuál es la vida que te hace feliz; más puntualmente, cuáles son las experiencias que aportan felicidad a tu vida, cuáles son las que necesitas y, a partir de ahí, definir tus objetivos.

Potencia y determinación

Una vez que logras definir tus objetivos, tu energía debe tener la potencia y la determinación suficientes para que dirijan tus pensamientos, emociones y acciones hacia su realización. Debe haber congruencia entre las diferentes manifestaciones de tu ser y los deseos que buscas manifestar. Que cada cosa que hagas te acerque un poco más al logro de tus objetivos; tu energía debe actuar como una flecha que le abre camino a su manifestación.

Si realmente deseas algo, debes lograr que tus pensamientos dominantes correspondan con la vibración y la emoción de tu deseo y que nada ni nadie te distraiga de tu camino, pues sólo así lograrás manifestarlo. Cuando digo "que nada ni nadie te distraiga", me refiero puntualmente a que ninguna vibración negativa que no concuerde con la manifestación de tu deseo te distraiga. Esto no quiere decir que no tengas flexibilidad ante las cosas que se manifiestan en la vida; al contrario, aprende de ellas para que puedas reafirmar cada vez más lo que quieres en tu vida. En la rutina diaria hay muchísimos elementos que pueden distraernos de nuestro enfoque. Las influencias que recibimos de nuestro ambiente, los conflictos en las relaciones personales, incluso los conflictos internos pueden distraer nuestro enfoque, pero siempre podemos tomar la decisión consciente de redireccionar nuestra energía y nuestra fuerza creativa hacia la manifestación de nuestros deseos.

¿Cuál es tu deseo? ¿Qué es lo que deseas lograr más que nada? Para poder manifestar lo que quieres, debes tener claro qué es. En lo personal, mi deseo es ser feliz, amar y cuidar a mi familia todos los días, ser una buena madre para mis hijos, amar a mi esposo, manifestar la abundancia y la prosperidad en todos los aspectos de mi vida, desarrollarme siempre a mi máximo potencial, ampliar continuamente mi conciencia y mi percepción, desarrollarme en lo profesional, escribir y publicar libros que abran mi corazón y mi mente y los de otras personas y ser y compartir cada día la mejor versión de mí misma.

Asumir el propio poder creativo

"Dar antes que demandar", dar el primer paso, hacer que suceda. Depositar el poder personal en otro individuo o en una circunstancia externa resulta muy cómodo, pues nos permite no afrontar nuestras limitaciones y miedos.

Instalarse en el lugar de la víctima sirve muchas veces para justificar la falta de valor para emprender las acciones que necesitamos llevar a cabo para acercarnos a nuestros objetivos. Cuando dejas el papel de la víctima y comienzas a sujetar las riendas de tu vida, movilizas los recursos internos necesarios para alcanzar tus objetivos. En ocasiones es el miedo a movilizar estos recursos internos lo que nos paraliza y nos juega en contra. Asumir que tenemos poder creativo nos responsabiliza de nuestra vida y nuestras circunstancias; por eso, muchas veces preferimos creer que *no tenemos otra opción* y seguimos jugando a que somos títeres del destino.

El poder creativo es una cualidad divina que poseemos y podemos usarlo a nuestro favor. Si deseas algo, debes generar la energía propia de lo que deseas manifestar. Todo tu ser, pensamiento, emociones y acciones deben *abrazar* tu deseo. Tus acciones y tu comportamiento deben ser congruentes con lo que quieres manifestar o atraer.

Reconocernos agentes activos de nuestras manifestaciones, capaces de modificar lo que atraemos a través de nuestra conciencia, nos permite ver que, para alcanzar nuestros objetivos, debemos comenzar por nosotros mismos y, como primer paso, evaluar de qué manera cooperamos para atraer lo que queremos manifestar o si obstaculizamos su llegada.

Responsabilidad

Tu vida es tu privilegio y tu responsabilidad. A nadie tendrás que rendir cuentas al final del camino, más que a ti mismo. Lo que haces o dejas de hacer, lo que decides hacer con lo que la vida te presenta, es tu responsabilidad. La manera como eliges significar tus experiencias es sólo tu elección.

La responsabilidad es la habilidad de *responder* ante las diferentes situaciones y circunstancias, la manera como eliges hacerlo o no es tu privilegio y tu decisión. La elección es el poder que tienes para significar tu experiencia, de manera que cada situación, por adversa que sea, te lleve a un lugar de aprendizaje y de crecimiento.

Es tomar la elección consciente de sujetar las riendas de tu vida, de ejercer tu habilidad de respuesta (responsabilidad) y de ser cada día la mejor versión de ti mismo; es responder de manera consciente por las elecciones que haces, las manifestaciones que atraes y lo que generas en tu vida.

Aprender a recibir

Para comenzar a ver las manifestaciones positivas en tu vida, tienes que aprender a recibir. Recibir es tan generoso como dar. Acepta las bondades que el universo tiene para ti y te sorprenderás por lo mucho que recibirás, pues, aunque no siempre es lo que esperamos, sí es lo que necesitamos.

Muchas veces nos obsesionamos con algo que queremos y nos sentimos insatisfechos porque no nos es dado, pero en nuestra obsesión bloqueamos nuestra mente y nuestra percepción de recibir otras alternativas que el universo nos ofrece y que probablemente sean las que de verdad necesitamos en ese momento. Aprende a recibir no sólo lo que tú quieres, sino todo lo que te es dado, porque hasta las dificultades son un regalo. Puedes recibir desde un momento a solas contigo o con tus seres queridos, un paisaje, un rato agradable o hasta una circunstancia que percibas como una dificultad. En tanto y en cuanto te permitas experimentar esa situación o momento y te percates de los efectos que causa en ti, cómo se relaciona contigo, cómo la recibes y qué te aporta, recibirás un regalo inmenso.

Valorar lo que recibes es importante: al universo le gusta la gratitud. Si la expresas, tus regalos serán cada vez más agradables a tu percepción. Cuando aprendemos a reconocer la inteligencia infinita que hay en todo lo que se manifiesta a nuestro alrededor, sentir gratitud es inevitable. Devolver a la vida las bondades que recibimos y ayudar al prójimo también es importante: hacer el bien siempre nos retribuirá positivamente, aunque en un momento dado no lo veamos así. Las retribuciones no siempre son materiales y a veces lo imperceptible para los ojos es lo más relevante.

Hacer el bien en la vida cotidiana, con las personas con las que convives o frecuentas, con eso es suficiente. Si puedes extenderte un poco más, ¡qué bendición! En el dar está el recibir y, a la vez, es tan importante saber dar como saber recibir. No puedes recibir ni percibir nada si no estás abierto a ello.

Las cosas no suceden cuando queremos que sucedan y muchas veces tampoco toman la forma con la que las concebimos. La inteligencia del universo es mucho mayor a la nuestra como individuos. Todo sucede por una razón y se manifiesta cuando tiene que hacerlo y en la forma que le corresponde.

Las oportunidades y las bendiciones están aquí y ahora, sólo hay que saber invitarlas a nuestra vida y recibirlas. La vida es hoy, ¿vives la tuya o la observas como un espectador mira una película desde un lugar cómodo? Si es así, ¿cuándo vas a ejercer las acciones que te permitan crear la vida que quieres? La vida es hoy y tu futuro es sólo la sucesión de tus momentos presentes. Si quieres manifestar algo, tienes que comenzar a crearlo hoy. ¿Cómo? ¿Dónde? Donde sea que te encuentres es el mejor punto para comenzar. Sólo necesitas diseñar un plan de acción.

Pregúntate:

¿Qué es lo que quiero?

____

____

¿Qué puedo hacer desde lo que tengo hoy para acercarme a lo que quiero?

____

____

____

¿Cuáles hábitos tengo que erradicar (a nivel lenguaje, pensamiento y acción) y cuáles tengo que incorporar?

____

____

____

¿Cuáles son los obstáculos que me pongo en pensamiento, emoción y acción?

____

____

____

¿Qué emociones obstruyen mi camino y cuáles lo forjan?

____

____

____

¿Qué acciones puedo llevar a cabo hoy para acercarme un poco más a mi objetivo?

____

____

____

Enfocarse en lo positivo

Es mucho más fácil entrar en una dinámica negativa y alimentarla con nuestros pensamientos, emociones, actitudes y acciones que mantener la mente enfocada en lo positivo y generar nuevas realidades y posibilidades para nosotros. Una dinámica negativa no requiere conciencia: lo hacemos en automático; pero una dinámica positiva requiere voluntad, constancia y conciencia.

Somos muy hábiles para instalarnos en dinámicas negativas, creernos sus argumentos y no ver más opciones. Los pilares que las sostienen son hábitos instalados, patrones de conducta y emocionales que ciegan nuestra percepción y limitan nuestra conciencia y, por tanto, nuestra realidad. Sin embargo, aunque nos limitan de alguna manera también nos dan seguridad.

Abrir la percepción a un nuevo y más elevado estado de conciencia requiere mucho valor porque implica la gran responsabilidad de dar lo mejor de ti a cada momento, de ampliar tu visión cada vez un poco más; no es fácil, pues exige mucha disciplina, voluntad, conciencia y deseo de superarte cada vez más. Implica un gran compromiso con el propio crecimiento.

Enfócate en lo positivo, en lo que ya está presente; hónralo, agradece su existencia en tu vida y a partir de ahí comienza a potenciar y ampliar las manifestaciones positivas.

Soltar las propias debilidades

Dejar ir, soltar las propias debilidades, los miedos y las inseguridades no es tarea fácil. Estamos muy apegados a nuestras creencias negativas y limitantes, a nuestro autoconcepto reducido y a todos los miedos e inseguridades que no nos permiten crear la vida que queremos. A veces creemos que éstos son los que no nos dejan en paz, pero somos nosotros quienes los retenemos.

Cuando todavía no hemos podido generar pensamientos nuevos y positivos que tengan la misma fuerza y sustituyan a los viejos y negativos, no queremos soltarlos, pues nos da miedo el vacío que esto genera. Enfrentarnos a esa incertidumbre es un punto crítico de nuestro crecimiento y es absolutamente necesario para poder dejar atrás lo que fue y que en algún momento nos sirvió (aunque sea para darnos una aparente seguridad) y empezar a crear, con emociones, pensamientos, conductas y acciones concretas, nuestra nueva realidad.

Conclusión

A modo de conclusión me gustaría remarcar la importancia de hacer elecciones conscientes. Siempre estamos eligiendo, pero si no lo hacemos de manera consciente no podemos sentirnos responsables de las consecuencias que implican y, por ende, tampoco podemos percibirnos con el poder de crear nuestra propia realidad. Desarrollar la conciencia es una decisión que, para que resulte efectiva, tiene que volverse un hábito que sostenga e impulse todas nuestras elecciones. No es una tarea fácil e implica mucho compromiso, pero es un requerimiento fundamental para poder sentir y ejercer a voluntad nuestro poder creativo.

Ampliar la percepción de la conciencia requiere esfuerzo. Es un trabajo constante por superarnos. En cada situación donde elegimos la conciencia en lugar de la inercia, o mirarnos más de cerca, donde elegimos nuevas opciones en vez de los lugares comunes en los que siempre caemos, o cada vez que optamos por aventurarnos fuera de la zona de seguridad de nuestra mente, ampliamos nuestra conciencia; representa un logro personal, un acto de autoafirmación y de integridad personales.

Reconocer la emocionalidad desde la cual creamos nuestro mundo y hacer los cambios necesarios al respecto exige mucha honestidad, responsabilidad, disciplina y constancia. Es un proceso que implica mucha confrontación con las propias limitaciones y debilidades. Tener conciencia del lugar desde donde creamos nuestra realidad y asumirnos como responsables y creadores de la misma nos da el poder de movernos de ahí si así lo requerimos. Ser responsables implica reconocernos como capaces de responder. Siempre elegimos, y buscar tener conciencia de lo que elegimos a cada momento nos da la posibilidad de decidir de acuerdo con lo que queremos y necesitamos en nuestra vida.

Como ya he mencionado, embarcarse en un trabajo de esta magnitud no es fácil; muchos desistirán en el camino y otros lo harán antes de empezarlo. Cada quien vive su propio proceso de acuerdo con sus tiempos evolutivos y todos éstos son correctos. El camino de la conciencia requiere voluntad, valor y honestidad con nosotros mismos; disciplina, perseverancia y muchas ganas de ser felices y de superarnos constantemente. ¿Acaso hay algo más importante que eso?

Máximas para el desarrollo personal y la ampliación de la conciencia

- Conoce y acepta todas tus facetas.
- Aprende a escuchar tu corazón.
- Acepta tus fortalezas y limitaciones.
- Elige lo que te hace bien.
- Enfócate en lo positivo.
- Potencia y desarrolla tu energía positiva.
- Transforma tu energía negativa.
- Convierte los obstáculos en oportunidades de crecimiento.
- Vive de acuerdo con tus propios valores.
- Sé congruente en tu pensamiento, emoción y acción.
- Sé fiel a tu voz interior.
- Defiende y protege tus ideales y actúa de acuerdo con ellos.
- Dale valor a tus ideas por medio de la acción.
- Dedica tiempo a alimentar lo que te genera valor y enriquece tu mente y tu espíritu.
- Comparte.
- Sé honesto contigo mismo y busca siempre nuevas posibilidades de crecimiento.
- Mantén el compromiso de superarte constantemente.
- Amplia la percepción que tienes de ti mismo, incluso de los aspectos en sombra de tu persona (mientras más los

conozcas, más posibilidades tendrás de hacer una elección consciente y real para fomentar tu luz y enfocarte en ella).

- Practica la gratitud.
- Evita la soberbia y la identificación con el ego; busca la ampliación de tu conciencia.
- Alimenta tu conciencia con experiencias y conceptos positivos.
- Elimina el miedo de ser diferente, porque ése es justamente tu valor: lo que eres te hace único.
- Vive de acuerdo con tu verdad, es tu base para poder hacerlo con plenitud.
- Respeta, atesora y honra tu proceso, ya que es tu privilegio. No lo niegues por vivir el de alguien más.
- Aprende a generar la vida que deseas y mereces porque ya se te ha dado. Tu vida es tuya y de nadie más.
- Fortalece la confianza en tu potencial creativo por medio de acciones concretas.
- Confía en que lo que deseas desde lo más profundo de tu corazón es para ti porque ya te fue dado. Ya vive en tu mundo en un determinado nivel de conciencia. De ti depende que se manifieste o no.
- Genera emociones y experiencias que te aporten algo positivo y también a tu entorno.
- Enfócate en lo que para ti es la felicidad y manifiéstala.

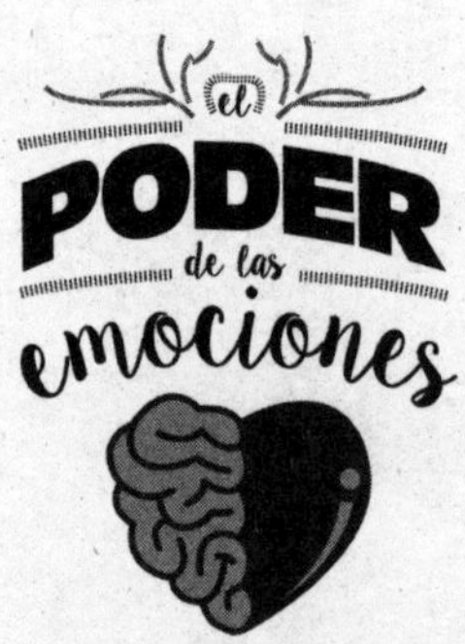

Siente la vida que deseas manifestar
terminó de imprimirse en 2019
en los talleres de Edamsa Impresiones, S. A. de C. V.,
Avenida Hidalgo 111, colonia Fraccionamiento
San Nicolás Tolentino, alcaldía Iztapalapa,
09850, Ciudad de México.